Kaleidoskop der Kaiserzeit

Martial, Epigramme

C.C.Buchner

Laurea
Klassische Texte modern gelesen

Kaleidoskop der Kaiserzeit. Martial, Epigramme

Bearbeitet von Jürgen Bauer und Johannes Loy

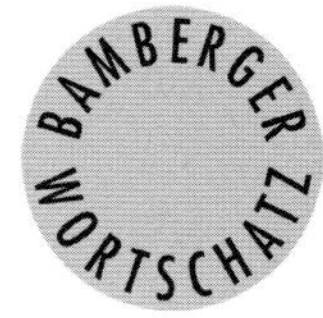

Zu dieser Lektüreausgabe ist erhältlich:
- Digitales Lehrermaterial click & teach Einzellizenz, Bestell-Nr. 433121

Die enthaltenen Links verweisen auf digitale Inhalte, die der Verlag bei verlagsseitigen Angeboten in eigener Verantwortung zur Verfügung stellt. Links auf Angebote Dritter wurden nach den gleichen Qualitätskriterien wie die verlagsseitigen Angebote ausgewählt und bei Erstellung des Lernmittels sorgfältig geprüft.
Für spätere Änderungen der verknüpften Inhalte kann keine Verantwortung übernommen werden.
An keiner Stelle im Schülerbuch dürfen Eintragungen vorgenommen werden.

Bildquellen
AdobeStock / myboys.me – S. 12; - / rigelp – S. 12; - / torwaiphoto – S. 24; akg-images – S. 11, 19; - / Bildarchiv Steffens – S. 33; - / Hervé Champollion – S. 37; - / ClassicStock, H. Armstrong Roberts – S. 5; - / De Agostini Picture Lib., A. Dagli Orti – S. 29; -/ © Getty Research Institute, SCIENCE SOURCE – S. 38; - / Heritage Images, Heritage Art – S. 27; - / Erich Lessing – S. 33 (2); Alamy Stock Photo / Mary Evans Picture Library Ltd. – S. 32; -/ Retro AdArchives – S. 26; Archivio di Epigrafia Latina Silvio Panciera, Rom – S. 39; bpk-Bildagentur / Rom, Musei Vaticani – S. 35; Galeria Nazionale d'Arte Moderna e Contemporanea, Rom – Cover, 17; islieb.de – S. 40; picture-alliance / EPA-EFE, DMITRY SEREBRYAKOV – S. 28; - / Invision, AP, Matt Sayles – S. 20; Carol Raddato – S. 21; Rudolf Spann, Herrsching – S. 31, 42; Toonpool.com / Karsten Schley – S. 4; Daniel Voshart, Toronto – S. 25 (4).

1. Auflage, 2. Druck 2024
Alle Drucke dieser Auflage sind, weil untereinander unverändert, nebeneinander benutzbar.
Dieses Werk folgt der reformierten Rechtschreibung und Zeichensetzung. Ausnahmen bilden Texte, bei denen künstlerische, philologische oder lizenzrechtliche Gründe einer Änderung entgegenstehen.

Lektorat: Laura Kampmann, Josephine Meinert
Illustrationen: Jan Bintakies, Hannover
Satz und Gestaltung: tiff.any GmbH & Co. KG, Berlin
Druck: mgo360 GmbH & Co. KG, Bamberg

www.ccbuchner.de

ISBN 978-3-661-**43302**-8

Inhalt

Einleitung

Kaleidoskop der Kaiserzeit

Wir alle haben schon unsere Erfahrungen mit Witzen gemacht. Einerseits ist die Versuchung groß, selbst einen „flotten Spruch" über eine an- oder abwesende Person zu artikulieren, um das Publikum zu erheitern und dessen Bewunderung zu erhalten. Auch das Internet bietet hierfür durch die verschiedenen Social-Media-Plattformen unermessliche Möglichkeiten. Andererseits sind auch wir selbst sicher schon „Opfer" solcher Witze geworden. Nachdem das erste Gelächter verstummt ist, treffen uns diese besonders hart, wenn wir als Zielscheibe dabei bemerken, dass der Witz in seiner Kritik einen wahren Kern in uns berührt.

Mit Martial tritt in der kaiserzeitlichen Literaturszene in Rom ein Dichter auf, der genau dieses Spektrum bedient. Mit der Außenperspektive eines Provinzialen aus Hispania hält er der pulsierenden urbs einen erfrischend ironisch-sarkastischen Spiegel vor, der zum Lachen anregt, aber die Leserinnen und Leser auch nachdenklich stimmt, aufrüttelt und beschämt. Hierbei entpuppt sich Martial in doppelter Hinsicht als verblüffend moderner Autor: In seinen knappen Epigrammen schafft er zum einen eine brillante Komprimierung von Form und Inhalt. Zum anderen behandelt er Themen, die noch heute aktuell sind: „networking", Mobbing, Partnerwahl, Umgang mit Zeit, Plagiat etc.

Doch sollte man bei Martial als Leser/Leserin auch vorsichtig sein: Durch die jeweils eingesetzte persona konstruiert Martial oft geschickt Realitäten, die man nicht direkt mit den Szenerien des historischen Roms vor etwa 2000 Jahren gleichsetzen darf. Dennoch erlaubt er uns durch die große Anzahl seiner Gedichte einen interessanten Blick in die Metropole am Tiber. Seine Epigramme wirken in doppelter Hinsicht wie ein Kaleidoskop: Inhaltlich bieten sie uns eine immense Vielfalt an Themen, künstlerisch faszinieren sie mit Sprüngen, Brechungen und Verzerrungen, die uns mit dem letzten Vers – oft sogar mit dem letzten Wort – lachen, nachdenken oder auch verstummen lassen.

Brainstorming:
Diskutiert auf Basis des Cartoons über die Grenzen von Satire und Witz. Stellt Themenbereiche zusammen, die von Satire (→ EV) und Witz verschont oder in ganz besonderem Maße aufgegriffen werden sollten.

Einstieg: Marcus Valerius Martialis

INFO GRUNDWISSEN Die Person und sein Leben

Martial (40–103/104 n. Chr.) stammte ursprünglich aus Bilbilis, das in der spanischen Provinz Tarraconensis lag. Als er sein literarisches Talent entdeckt hatte, ging er in den 60er Jahren nach Rom, wo er anfänglich in ärmlichen Verhältnissen lebte. Durch seine Dichtung fand er einige Gönner und befreundete Dichter, die ihm sein Auskommen sicherten. Die Einweihung des Kolosseums nahm er zum Anlass, einen ersten Gedichtband zu veröffentlichen, der dem Kaiser Titus (79–81) huldigte. Weitere Lobgedichte an ihn und seinen Nachfolger Domitian (81–96) sicherten Martials schöpferisches Tun und verhalfen ihm zu gewissem Wohlstand. Die „Schmeicheleien" brachten ihm aber auch Kritik ein: Möglicherweise deshalb verließ er Rom in Richtung Heimat, als Nerva (96–98) und Trajan (98–117) regierten, die mit der Panegyrik (Lobgedichten, → S. 26) nichts anzufangen wussten. Im Jahre 104 berichtet Plinius der Jüngere von Martials Tod. Plinius ist zugleich die einzige Quelle über Martials Leben neben dem Dichter selbst.

INFO GRUNDWISSEN Martials Werk und die Gattung Epigramm

Das Epigramm (griech. „Aufschrift" – ursprünglich auf Grabmälern oder Gebäuden) war in Rom gut bekannt: Die zunächst griechische Tradition des auf eine Pointe zustrebenden Kurzgedichts entwickelte sich schon vor Martial zu einer eigenständigen Gattung. Somit fielen Martials Gedichte auf fruchtbaren Boden, da die römische Elite damit umzugehen wusste. Catull und die Neoteriker hatten bereits in der späten Republik das kunstvoll gestaltete, sprachlich ausgefeilte Kleingedicht (in Abgrenzung zur „hohen" Literatur des Epos) salonfähig gemacht, das Martial als Vorbild für seine Werke nutzte. Sein erstes Buch, der Liber spectaculorum („Buch der Schauspiele") enthielt zu jedem Programmpunkt der Eröffnungsfeier des Kolosseums ein eigenes Epigramm. Hierauf folgten zwei Bücher zum Brauch des Saturnalienfestes – „Gastgeschenke" (Xenia) und *„Giveaways"* (Apophoreta). Ab 86 veröffentlichte Martial ungefähr jedes Jahr eines seiner insgesamt zwölf Epigrammbücher (Epigrammaton libri duodecim) – sein Hauptwerk. Hier kommt seine ausgefeilte Epigrammtechnik (→ S. 8) erst richtig zur Geltung, aufgrund derer ihn Gotthold Ephraim Lessing später als den größten Epigrammatiker der Antike bezeichnete. In seinen Epigrammen nahm er häufig die Schwächen seiner Mitmenschen aufs Korn, wie z. B. Äußerlichkeiten, Eitelkeiten, Verfehlungen im Beruf, zwischenmenschliche Beziehungen aller Art, Konkurrenz im Dichtergewerbe und weitere Phänomene der Kaiserzeit. Sein Motto lautete dabei parcere personis, dicere de vitiis: „die Personen schonen, über Fehler sprechen". Es ging Martial also nicht darum, konkrete Personen, sondern deren Fehlverhalten anzuprangern. Deswegen nutzt er sprechende Namen (→ S.10), die er erfunden hat. Dies lässt sich z. B. an Epigramm 1.2 2 nachvollziehen (→ S.11, Aufgabe 3).

Erstellt während der Martial-Lektüre der nächsten Wochen eine (digitale) Sammelfolie, indem ihr die bunten, kaleidoskopartigen Themen und Wirkungsweisen der Epigramme mit modernen Satireformen und deren Spottmechanismen vergleicht.

Römische Entwicklung des Epigramms – schematische Darstellung

2. Jh.		1. Jh. v. Chr.		1. Jh. n. Chr.
Epitaphien als Epigramme auf den Sarkophagen der Scipionen (300 v. Chr.)	Epigramme erstmals im elegischen Distichon durch Quintus Ennius	Erste Epigramme ohne Aufschriftscharakter (Wende vom 2. zum 1. Jh. v. Chr.)	**Catull** als wichtiger Wegbereiter für Martials Epigramme (1. Jh. v. Chr.)	Augusteische Zeit	**Martial** als Meister des Epigramms (unter Titus, Domitian, Nerva und Trajan)

Lateinische Verse analysieren

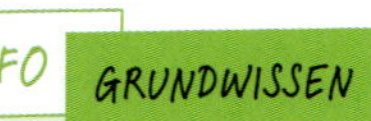

INFO GRUNDWISSEN

Zwar benutzte Martial auch andere Versmaße, z. B. den Hendekasyllabus, aber für die in dieser Ausgabe vorliegenden Spottepigramme ist insbesondere das sogenannte **elegische Distichon** relevant, das aus einem Hexameter und einem Pentameter besteht:

elegisches Distichon	Hexameter	– ⏖ | – ⏖ | – ⏖ | – ⏖ | – ◡◡ | – x
	Pentameter	– ⏖ | – ⏖ | – || – ◡◡ | – ◡◡ | x

Die lateinische Dichtung basiert auf einer Abfolge von langen (–) und kurzen (◡) Silben. Eine lange Silbe entsteht entweder durch Naturlänge (langer Vokal oder Diphthong) oder durch Positionslänge (kurzer Vokal + zwei oder mehr Konsonanten). Naturlängen erkennst du z. B. durch das Nachschlagen der Wörter im Wörterbuch oder durch die Angaben im ad lineam Kommentar. Es handelt sich also um eine **quantitierende** Dichtung (im Gegensatz hierzu liegt etwa in der deutschen akzentuierenden Dichtung eine geregelte Abfolge von betonten und unbetonten Silben vor). Der Hexameter besteht aus 6 Versfüßen: Darin können die ersten vier entweder als Daktylus (– ◡ ◡) oder als Spondeus (– –) gestaltet sein, der fünfte Versfuß ist fast immer ein Daktylus und der letzte Versfuß ist verkürzt, wobei die letzte Silbe *anceps* (x, also lang oder kurz) ist. Der Pentameter (5 Versfüße) setzt sich eigentlich aus vier vollständigen und zwei unvollständigen Versfüßen zusammen. Daher wird er als Wiederholung zweier Hexameterhälften empfunden, in denen nur in der ersten Hälfte die Daktylen durch Spondeen ersetzt werden dürfen und der dritte sowie sechste Versfuß unvollständig sind. Im Schriftbild ist der Pentameter, also jeder zweite Vers eines Distichons, in der Regel nach rechts eingerückt. Wo das nicht der Fall ist, verwendet Martial andere Versmaße.

Die metrische Analyse

Für die **Analyse** des elegischen Distichons kannst du dich an folgenden Arbeitsschritten orientieren:

1. Finde zunächst heraus, ob ein Vokal an einem Wortende auf einen weiteren Vokal des Folgewortes stößt (**Hiat**). Dieses Aufeinandertreffen von Vokalen empfanden Griechen und Römer als Missklang. Um dies beim Lesen der Verse zu vermeiden, „unterdrückten" sie meist den Schlussvokal des ersten Wortes (**Elision**) und lasen die beiden Wörter gebunden, z. B.: nolo anus → nolanus
   Diese **Verschleifung** tritt auch dann auf, wenn am Wortende Vokal + m auf (h +) Vokal im Folgewort stößt (Synaloiphe), z. B.: unum oculum → unoculum
   Ein Sonderfall liegt bei Wortfolgen mit est/es vor. Hierbei wird der erste Vokal des Folgewortes ausgestoßen (Aphärese), z. B.: ratio est → ratiost
2. Markiere nun die erste Silbe im Vers als lang
   sowie im Hexameter die letzten fünf Silben als – ◡ ◡ – x
   und die letzten acht Silben des Pentameters als – || – ◡ ◡ – ◡ ◡ x
3. Für die übrigen Silben kannst du dich an folgenden Regeln orientieren:
   - Diphthonge (Umlaute: ae, au, eu, oe) sind als eine Silbe immer lang.
   - Folgen auf einen Vokal zwei oder mehr Konsonanten, wird die Silbe ebenfalls lang gemessen (z. B. dentibus): Man nennt dies **Positionslänge**.
   - Bei Doppelvokalen, die keine Diphthonge sind, wird der erste von beiden kurz gemessen, z. B. mĕus, dŭos.
   - Der Buchstabe i wird am Wortanfang als lautliches j, also in den Verbindungen ia, ie und iu als ein Konsonant gewertet. Somit ist z. B. iam ein einsilbiges Wort (gesprochen „jam").

- y ist als Vokal zu werten.
- x und z ergeben eine Doppelkonsonanz, während qu als nur ein Konsonant betrachtet wird.
- h kann vernachlässigt werden und zählt nicht als Konsonant.
- Treffen die Konsonanten b, p, t, d, g und c (muta) auf die Konsonanten l oder r (liquida), kann die Vorsilbe lang oder kurz gemessen werden, meist jedoch kurz.

4. Mit Anwendung dieser Regeln wirst du den Großteil der Silbenquantitäten in Hexameter und Pentameter sicher bestimmen können. Verteile dann die restlichen Längen und Kürzen, bis die Verse „aufgehen". Nutze dabei ggf. dein Wissen über Naturlängen (langer Vokal oder Diphthong); diese sind bei allen Lernvokabeln angegeben. Bei Endungen hilft dir die Grammatik: z. B. -ā (Abl. Sg. a-Dekl.) oder -īs (Dat./Abl. Pl. a- und o-Dekl.).

Metrisches Lesen

Beim metrischen Vorlesen von Martials Epigrammen solltest du dich nach Möglichkeit primär an den Längen und Kürzen orientieren. Falls du weitere Hilfestellungen benötigst, kannst du zudem die einzelnen Versfüße (Daktylen oder Spondeen) durch Trennstriche voneinander abgrenzen und die jeweils erste Silbe des Versfußes betonen. Letzteres hat sich im Laufe der Jahrhunderte als Notbehelf beim Lesen antiker Verse etabliert.

Auch Einschnitte im Vers, sog. **Zäsuren**, können dir helfen: Tritt nach dem dritten Halbteil des Hexameters ein Wortende auf, erhält man eine Zäsur, die man Trithemimeres (*T*) nennt. Weitere Zäsuren sind nach dem fünften Halbteil (Penthemimeres (*P*)) und dem siebten Halbteil (Hephthemimeres (*H*)) möglich. Diese Einschnitte können dir als kleine „Haltepunkte" beim Vorlesen dienen. Im Pentameter liegt dieser Einschnitt (Diärese) nach dem fünften Halbteil vor.

T *P* *H*

Hexameter – ◡̄◡ | – || ◡̄◡ | – || ◡̄◡ | – || ◡̄◡ | – ◡◡ | – x

Pentameter – ◡̄◡ | – ◡̄◡ | – | || | – ◡◡ | – ◡◡ | x

Häufig sind diejenigen Wörter, die an Zäsuren angrenzen oder von ihnen sogar geklammert werden, wichtige bedeutungs- und sinntragende Wörter, die – bereits vor der Übersetzung – einen ersten inhaltlichen Zugang zum Gedicht ermöglichen:

– ◡◡ | – || – | – || – | – || ◡◡ | – ◡◡ | – x
Funera post septem nupsit tibi Galla virorum.
– – | – ◡ ◡ | – || – ◡◡ | – ◡◡ | x
Picentine. Sequi vult, puto, Galla viros.

Galla vermählte sich dir, als sie sieben Männer begraben,
Picentinus: Sie will folgen den Männern, so scheint's.

(Übersetzung: N. Holzberg)

Durch die Einschnitte betont Martial im Hexameter die Wörter **septem** und **nupsit**: Aufgrund der siebenfachen Todesfälle im bisherigen Eheleben der Galla scheint das Gedicht den angesprochenen Picentinus vor einer weiteren Hochzeit warnen zu wollen. Das an den Haupteinschnitt angrenzende **sequi** im Pentameter gibt dem Gedicht einen Doppelsinn.

Nutze also bei jedem Martial-Epigramm auch die metrische Anlage für die Interpretation des Inhalts.

Martials Epigrammtechnik

Die Attraktivität der Gedichte Martials liegt insbesondere darin begründet, dass er auf engstem Raum eine komplementäre Verbindung aus Form und Inhalt schafft. Dies ist auch der Grund, weshalb Übersetzungen und Nachdichtungen immer hinter dem lateinischen Original zurückstehen.

Wenn man die Verse nicht als Ganzes präsentiert, sondern der Reihe nach aufdeckt, begegnet uns etwa im folgenden Epigramm 10,8 zunächst eine heiratswillige Paula. Das lyrische Ich scheint am Ende des Hexameters ebenfalls bereit zum Ja-Wort – so zumindest die **Erwartung** des Lesers/der Leserin.

Nubere Paula cupit nobis, ego ducere Paulam
nolo: Anus est. Vellem, si magis esset anus.

Eine erste überraschende Klimax begegnet uns mit nolo zu Beginn des Pentameters. In Verschleifung mit anus wird rasch eine Erklärung für die Ablehnung einer Hochzeit mit Paula geliefert: Sie ist eine alte Frau.

Wäre eine Heirat nicht unter bestimmten Umständen doch denkbar? Der Schlüsselbegriff vellem vor dem Einschnitt im Pentameter erhält durch die Längen zusätzliches Gewicht.

Bis zur Auflösung (**Aufschluss/Pointe**) im letzten Wort anus nimmt der Vers durch die Daktylen der zweiten Pentameterhälfte wieder Fahrt auf – der Leser/die Leserin wird gleichsam überrumpelt: Wäre Paula eine noch ältere Frau, könnte ein baldiger Tod dem lyrischen Ich eventuell ein Erbe bescheren.

1. Durch seine geschickt arrangierten Wortfolgen spielt Martial mit unserem Urteil. Dieses Spiel wird mit den Begriffen ***Erwartung* und *Aufschluss*** beschrieben, die Gotthold Ephraim Lessing schon im 18. Jahrhundert prägte.
2. Dieser Aufschluss (oder die ***Pointe***) offenbart sich meist erst **im letzten Vers**, oft erst im letzten Wort. Diese zugespitzten Pointen bieten überraschende Lösungen für zuvor konstruierte, oft paradoxe Situationen, die den Leser/die Leserin zum weiteren Nachdenken anregen.
3. Martial erweist sich als Meister des Tempowechsels: Durch Daktylen beschleunigt er, durch Spondeen verzögert er den Lesefluss und wechselt so zwischen steigender und fallender Handlung.
4. Unterstützt werden diese Effekte durch den Einsatz **rhetorischer Stilmittel** (→ S. 45 f.).

Erarbeite nun mithilfe der oben genannten Aspekte und der Methodenseite 44 eine eigene Übungsinterpretation zum folgenden Epigramm (12,23):

Dentibus atque comis – nec te pudet – uteris emptis.
Quid facies oculo, Laelia? Non emitur.

Du trägst gekaufte Zähne und Haare – und schämst dich nicht. Was wirst du mit deinem Auge machen, Laelia? Das kann man nicht kaufen.

(Übersetzung: J. Loy)

1. Martials Invektiven – von der Kunstfreiheit gedeckt?

Martial bedachte seine Mitmenschen aus unterschiedlichsten Gründen mit beißendem Spott. Besonders beleidigend sind diese Invektiven (Beschimpfungen), wenn es um Äußerlichkeiten geht. Häufig sind dabei Alterserscheinungen und deren Behandlung Thema seiner Epigramme. Stets folgte Martial dem Motto parcere personis, dicere de vitiis („die Personen schonen, über Fehler sprechen", vgl. S. 5), indem er seinen Spott nicht gegen einzelne Personen, sondern gegen bestimmte Menschentypen richtete; gewisse körperliche Details ließen aber sicherlich Rückschlüsse auf bekannte Personen zu.

Diskutiert mithilfe der nebenstehenden Abbildungen und des Vortextes, ob Spott über körperliche Merkmale für die Betroffenen besonders schmerzhaft sein kann.

abc

1. Stelle aus Kap. 1.1, Epigramm 1 alle **Zahlwörter** zusammen. Ordne sie nach Kardinal- und Ordinalzahlen. (→ **QR-Code**)
2. Erschließe aus dem Verbum simplex und dem Präfix jeweils die Bedeutung der folgenden **Komposita**: e-ligere | re-cedere
3. Wähle alle Wörter aus, die zum **Sachfeld „Körper"** gehören, und ergänze sie durch weitere.

dentes | ratio | manus | iuvenis | causa | capilli | medicus | dextra

4. **In foro – auf dem Markt.** Bilde mit den unten stehenden Wörtern kurze Wendungen oder Sätze. (→ **QR-Code**)

mercator | servus | dominus	vinum | res | bona	consumere | vendere | emere | petere

43302-01

→ S. 45 f.

Das Stilmittel **Parallelismus** hebt Aspekte dadurch hervor, dass Wortgruppen oder Satzglieder in gleicher Abfolge angeordnet werden.
Bsp.: Sic formosa, Fabulla, sic puella es.

Beim **Chiasmus** werden Wortgruppen oder Wörter nicht parallel, sondern über Kreuz angeordnet.
Bsp.: Basia das aliis, aliis das, Postume, dextram.

Die **Antithese** ist die Charakterisierung eines Aspekts durch Gegensätze, wodurch die gegensätzlichen Aspekte ein und derselben Sache betont werden.
Bsp.: Thais habet nigros, niveos Laecania dentes.

Untersuche die Epigramme der folgenden Doppelseite auf die Stilmittel Parallelismus, Chiasmus und Antithese. Diese Übung kannst du auch digital bearbeiten (→ **QR-Code**).

43302-02

1.1 Spott über Äußerlichkeiten

Auffällige äußerliche Makel und der Versuch, diese zu überdecken, sind für Martial ein gefundenes Fressen.

43302-17

1 Si memini, fuerant tibi quattuor, Aelia, dentes:
Expulit una duos tussis et una duos.
Iam secura potes totis tussire diebus:
Nil istic, quod agat, tertia tussis habet.

1 Aelia weibl. Eigenname
2 tussis *f* der Husten
3 tussīre husten
4 agat ~ agere possit
agere *hier* (an Unheil) anrichten

---

2 Basia das aliis, aliis das, Postume, dextram.
Dicis: „Utrum mavis? Elige!“ Malo manum.

1 Postumus männl. Eigenname
2 uter, utra, utrum welche(r/s)
ēligere → *abc*

---

3 Thais habet nigros, niveos Laecania dentes.
Quae ratio est? Emptos haec habet, illa suos.

1 Thāis, Laecānia weibl. Eigennamen

---

4 Omnes aut vetulas habes amicas
aut turpes vetulisque foediores.
Has ducis comites trahisque tecum
per convivia, porticus, theatra.
Sic formosa, Fabulla, sic puella es.

1 vetula „altes Weib“ (verächtlich)
2 foedus, a, um hässlich, abscheulich
! et foediōrēs vetulīs
4 porticus, ūs die Säulenhalle, die Galerie
theātrum das Theater

1. Bildet zwei Gruppen, von denen jede zwei Gedichte (1 + 2; 3 + 4) bearbeitet.
a) Analysiert Gedicht 2 bzw. 3 metrisch (→ S. 6 f.).
b) Arbeitet aus den Epigrammen die Makel heraus, die Martial thematisiert (→ **QR-Code**).
c) Entwickelt zu jedem Epigramm eine passende Überschrift.
d) Präsentiert eure Ergebnisse.

2. **a)** Erkläre, inwiefern die Epigramme 1 und 2 eine andere Zielrichtung haben als 3 und 4.
b) Begründe, wieso ein gewisser Widerspruch zwischen den Gedichtpaaren besteht.

3. Erkläre mithilfe von INFO und einem Wörterbuch, inwiefern Postumus (Epigramm 2) ein sprechender Name ist.

4. Ordne die Abbildung einem der Epigramme zu.

5. Ein Wörterbuch gibt als deutsche Entsprechung für vetula (Epigramm 4, V. 1/2) die Bedeutung „die Vettel“ an. Recherchiere, was unter diesem Begriff zu verstehen ist, und erkläre vor diesem Hintergrund die Pointe des Epigramms.

INFO **Sprechende Namen**

Martial nutzt in seinen Epigrammen getreu seinem Motto oft fiktive Namen. Diese sind aber nicht zufällig gewählt, sondern passen in ihrer Bedeutung zu der Rolle im jeweiligen Epigramm, z. B. Flaccus („der Schlappohrige“) oder Lupus („der Wolf“). Die im Namen enthaltenen Eigenschaften stehen manchmal auch im Widerspruch zur Aussage, was dieser eine ironische Note verleiht. Nicht selten sind die Namen griechischen Ursprungs, die die gebildete antike Leserschaft verstehen konnte.

N8ZJU

1.2 Erfolgreich im Job?

Martial hat es nicht nur auf Äußerlichkeiten abgesehen, er nimmt sich auch die Tätigkeiten seiner Zeitgenossen vor.

1 Oplomachus nunc es, fueras ophthalmicus ante.
Fecisti medicus, quod facis oplomachus.

1 oplomachus der Gladiator
ophthalmicus der Augenarzt
2 ! (Id) fēcistī …, quod …

2 Nuper erat medicus, nunc est vispillo Diaulus:
Quod vispillo facit, fecerat et medicus.

1 vispillō der Leichenträger
Diaulus männl. Eigenname
2 ! (Id,) quod …
et ~ etiam

3 Pauper videri Cinna vult; et est pauper.

1 Cinna männl. Eigenname

4 Pistor qui fueras diu, Cypere,
causas nunc agis et ducena quaeris:
Sed consumis et usque mutuaris.
A pistore, Cypere, non recedis:
Et panem facis et facis farinam.

1 pistor, ōris *vgl. Aufg. 6 a)*
Cyperus männl. Eigenname
2 ducēna zweihunderttausend (Sesterze pro Jahr)
quaerere *hier* verdienen
3 mūtuārī sich leihen
4 recēdere → *abc*
5 pānis, is das Brot
farīnam facere (zu) Mehl machen, verpulvern

5 Callidus imposuit nuper mihi copo Ravennae:
Cum peterem mixtum, vendidit ille merum.

1 impōnere *hier* einschenken
cōpō *m* der Wirt
Ravennae in Ravenna (dort herrschte Wassermangel)
2 ! mixtum/merum (vīnum)
merus, a, um unvermischt

1. Fertige von Epigramm 1, 2 oder 5 eine metrische Analyse an (→ S. 6 f.).
2. Epigramm 3 handelt von einem armen Mann. Weise nach, dass der Inhalt auch durch die Form des Epigramms ausgedrückt wird.
3. Überprüfe, inwiefern sich in dem Gedicht 2 Martials literarisches Motto erkennen lässt.
4. Diskutiert, worin der Unterschied zwischen den ähnlich gestalteten Epigrammen 1 und 2 besteht.
5. Erläutere bei jedem Epigramm, was Martial jeweils kritisiert.
6. a) Erschließe anhand des Bildes und aus dem Textzusammenhang das Wort pistor. Überprüfe dein Ergebnis mithilfe eines Wörterbuchs (→ **QR-Code**).
   b) Erkläre die Metapher (→ S. 45 f.), die in Epigramm 4, V. 5 verwendet wird. Beziehe die Abbildung in deine Erklärung mit ein.
7. Begründe, warum der Wirt in Epigramm 5 als schlau beschrieben wird.

43302-13

Eine römische Bäckerei. Holzstich um 1880.

Quid ad nos?

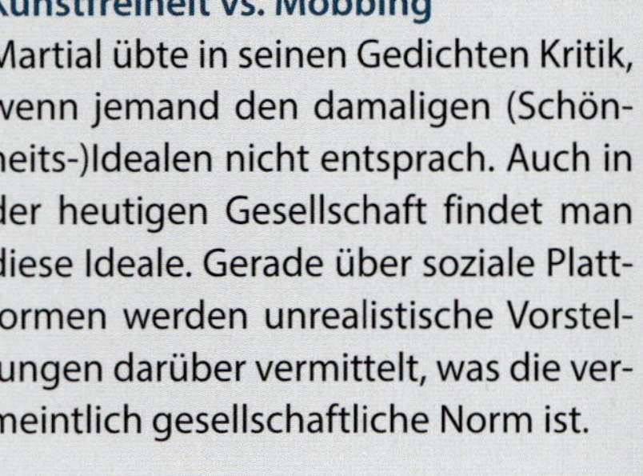

Kunstfreiheit vs. Mobbing

Martial übte in seinen Gedichten Kritik, wenn jemand den damaligen (Schönheits-)Idealen nicht entsprach. Auch in der heutigen Gesellschaft findet man diese Ideale. Gerade über soziale Plattformen werden unrealistische Vorstellungen darüber vermittelt, was die vermeintlich gesellschaftliche Norm ist.

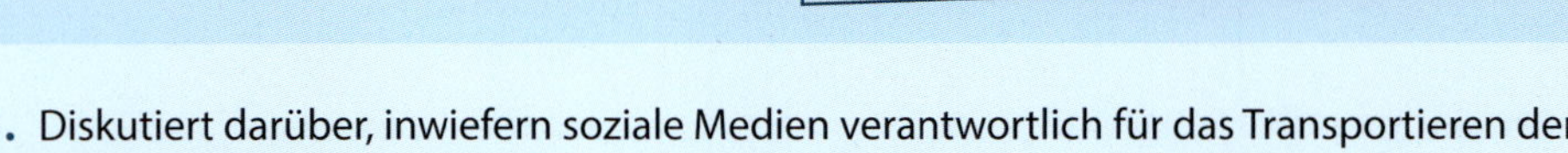

1. Diskutiert darüber, inwiefern soziale Medien verantwortlich für das Transportieren der angesprochenen Ideale sind.
2. Martial kritisiert die Umsetzung eines Schönheitsideals durch gekaufte Zähne und gefärbte Haare (vgl. Kap. 1.1). Um das Äußere digital aufzupolieren, gibt es heute entsprechende Filter. Verfasst einen Social-Media-Post auf Deutsch, der in Martial-Manier diese Praxis beschreibt.

Erfüllen Menschen diese Ideale oder andere soziale Normen nicht, können sie Opfer von Mobbing werden. Auch hier spielt die Nutzung von sozialen Medien eine große Rolle: Beschimpfungen und Hass im Internet, aber auch Cybermobbing sind zu einem weitreichenden Problem geworden.

3. Erörtert im Plenum, ob man in Martials Invektiven eine Vorform von Cybermobbing (vgl. die Definition) sehen kann.
4. Der Sänger Danger Dan übt in seinem Song „Das ist alles von der Kunstfreiheit gedeckt" mit drastischen Worten Kritik an Personen aus Gesellschaft und Politik. Erörtert, warum der Schutz künstlerischer Ausdrucksformen ein Grundrecht ist.

Definition Cybermobbing

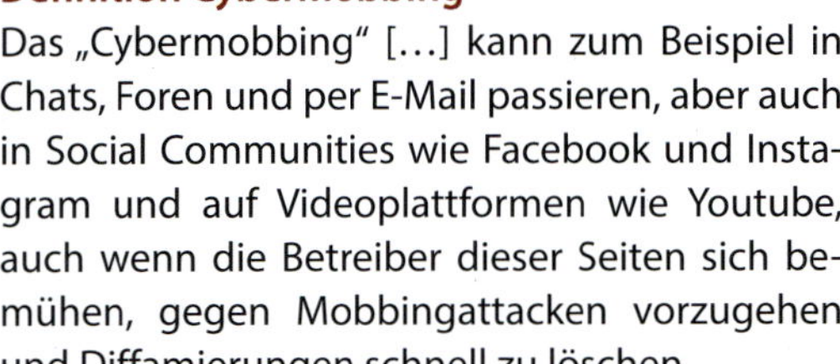

Das „Cybermobbing" […] kann zum Beispiel in Chats, Foren und per E-Mail passieren, aber auch in Social Communities wie Facebook und Instagram und auf Videoplattformen wie Youtube, auch wenn die Betreiber dieser Seiten sich bemühen, gegen Mobbingattacken vorzugehen und Diffamierungen schnell zu löschen.
Das Mobbing kann verschiedene Formen annehmen. Beispielsweise können diffamierende Fotos oder Filme eingestellt und verbreitet werden. In Social Communities werden manchmal Diskussionsgruppen gegründet, die allein der Lästerei über eine bestimmte Person […] dienen.

(Bmfsfj, Was ist Cybermobbing? vom 20.06.2018 https://www.bmfsfj.de/bmfsfj/themen/kinder-und-jugend/medienkompetenz/was-ist-cybermobbing–86484)

2. Hotspot Rom?

Großstadtdschungel unter der Lupe

Für talentierte und ehrgeizige Männer in den Provinzen war es scheinbar ein zwangsläufiger biografischer Schritt, früher oder später den Lebensmittelpunkt in die Hauptstadt des Imperiums, nach Rom, zu verlagern. Für den kritischen Blick des Spaniers Martial muss die quirlige kaiserzeitliche Millionenmetropole am Tiber das ideale Anschauungsobjekt dargestellt haben: Einerseits lieferten die Römer ihm eine Vielfalt an Themen, die er satirisch-ironisch an den Pranger stellen konnte (dicere de vitiis), andererseits boten sie auch die verfeinerte urbane Leserschaft, die Martial benötigte, um literarisch erfolgreich werden zu können.

Auf dem Bild kannst du eine insula, ein typisch römisches Mietshaus, erkennen. Aus früheren Schuljahren weißt du, dass in den oberen Stockwerken dieser Mietshäuser häufig ärmere Familien wohnten. Erläutere – auch mithilfe des Bildes oder weiterer Recherchen (→ QR-Code) –, welche Funktion die tabernae im Erdgeschoss für diese Römerinnen und Römer hatten.

43302-16

Trainiere deinen Umgang mit dem **Wörterbuch** (→ **QR-Code**).

43302-13

a) Nomen: Gib die Bedeutungen zu den folgenden lateinischen Berufen an:

institor | tonsor | copo (= caupo) | cocus (= coquus) | lanius

b) Ein Wort – mehrere Bedeutungen. Gerade in lyrischen Texten ist es wichtig, den Kontext des untersuchten Wortes zu beachten. Gib passende deutsche Übersetzungen für die fett gedruckten Wörter in den folgenden Wendungen an:

tenuis vicus | densa **turba** | **occupare** vias

In den Epigrammen der folgenden Doppelseite finden sich viele passive Verbformen. Gemäß Martials Motto parcere personis ist dies nicht verwunderlich, da er die eigentlichen Handlungsträger nicht nennen kann bzw. will oder sie hinter fiktiven (oft sprechenden) Namen „versteckt". Wiederhole das lateinische **Passiv**, indem du die folgenden Aufgaben und die digitalen Übungen unter dem **QR-Code** bearbeitest:

a) Bestimme die folgenden passiven Verbformen:
b) Vervollständige die Tempusstufen, indem du die restlichen Formen bildest und notierst.
c) Erkläre den grundlegenden Unterschied in der Passivbildung im Präsens- und Perfektstamm.

facta est | cogitur | haberi | empta erat | incensa esse | occupabuntur | laudabamur | servatus erit

43302-03

OQQKO

2.1 Rom – eine Stadt im Wandel

Aufgrund der Brände von 64 und 80 n. Chr. bot sich Kaiser Domitian die Möglichkeit, die beengten Verhältnisse der stetig wachsenden Großstadt architektonisch zu verbessern. Diesen Umstand nutzt Martial für ein Kaiserlob (vgl. *INFO*, S. 26).

1 Abstulerat totam temerarius institor urbem
inque suo nullum limine limen erat.
Iussisti tenuis, Germanice, crescere vicos,
et, modo quae fuerat semita, facta via est.
Nulla catenatis pila est praecincta lagonis
nec praetor medio cogitur ire luto,
stringitur in densa nec caeca novacula turba
occupat aut totas nigra popina vias.
Tonsor, copo, cocus, lanius sua limina servant.
Nunc Roma est, nuper magna taberna fuit.

1 temerārius, a, um dreist, rücksichtslos
4 sēmita der Fußweg, die Gasse
5 catēnātus, a, um angekettet
pīla der (Tür-)Pfosten
praecingere (*PPP* praecīnctum) umhängen
lagōna der Krug
6 lutum der Schlamm, der Kot
7 stringere ziehen, zücken
caecus, a, um blind
novācula der Dolch
8 niger, nigra, nigrum → LW 1.1
popīna der Imbiss, die Garküche
10 taberna → S. 13

1. Wir beginnen am Ende: Erkläre, in welches Licht Martial das frühere Rom mit dem Begriff taberna (V. 10) rückt und welche Assoziationen dies bei der Leserschaft hervorruft.
2. Arbeite aus dem Gedicht (architektonische) Missstände in der Großstadt Rom und die jeweiligen Lösungen dazu in Form einer Gedichtgliederung heraus. Nutze hierfür auch die verschiedenen Tempusstufen der Prädikate.
3. Recherchiere die Hintergründe zum Adressaten Germanicus (V. 3) und erkläre, welche Rolle Vokabeln wie iussisti (V. 3), praecincta (V. 5) und stringitur (V. 7) in diesem Kontext spielen.
4. Benenne die Stilfigur, die Martial durch die Verwendung der Wörter caeca (V. 7) bzw. occupat (V. 8) benutzt. Erschließe, wie hierdurch die Textaussage unterstützt wird.

Pech oder doch Glück? Bisweilen sind die Ursachen für architektonischen Wandel etwas undurchsichtig.

2 Empta domus fuerat tibi, Tongiliane, ducentis:
Abstulit hanc nimium casus in urbe frequens.
Conlatum est deciens. Rogo: Non potes ipse videri
incendisse tuam, Tongiliane, domum?

1 ! Empta domus fuerat tibi = Domus ā tē empta erat
Tongiliānus männl. Eigenname
ducentī, ae, a *hier* 200.000 Sesterzen (ducentīs = Ablativus pretii)
2 ! Nimium in urbe frequēns cāsus hanc abstulit.
3 cōnferre (*PPP* conlātum) *hier* (Geld) aufbringen, entschädigen
deciēns zehnmal so viel, zig mal so viel (Sesterzen)

1. In Gedichten haben häufig die jeweils ersten Wörter im Vers eine besonders wichtige inhaltliche Bedeutung. Benenne die sprachliche Auffälligkeit der Versanfänge dieses Gedichts.
2. Arbeite den Vorwurf heraus, den Martial an Tongilianus richtet.
3. Weise nach, dass das Gedicht 2 als typisches Martial-Epigramm gewertet werden kann.

2.2 Rom – mehr Schein als Sein?

Mag Martial auch das äußere Erscheinungsbild Roms loben, so sieht er die Chancen für einen ehrlichen Lebensunterhalt durchaus kritisch: Er „konstruiert" Rom als schwieriges Pflaster – gerade für Neuankömmlinge wie Fabianus …

Vir bonus et pauper linguaque et pectore verus,
quid tibi vis, urbem qui, Fabiane, petis?
Qui nec leno potes nec comissator haberi
nec pavidos tristi voce citare reos
nec potes uxores cari corrumpere amici
nec potes algentes arrigere ad vetulas,
vendere nec vanos circa Palatia fumos,
plaudere nec Cano, plaudere nec Glaphyro:
Unde miser vives? – „Homo certus, fidus amicus." –
Hoc nihil est: Numquam sic Philomelus eris.

2 ! quid tibi vīs, quī urbem petis, Fabiāne?
sibi velle bezwecken, im Sinn haben
Fabiānus männl. Eigenname
3 lēnō der Kuppler
cōmissātor der Säufer, der Zecher
4 pavidus, a, um ängstlich
citāre vor Gericht rufen
5 corrumpere *hier* verführen
6 algēre frigide sein
arrigere ad sexuell befriedigen
vetula die alte Frau
7 vānōs fūmōs vendere leere Versprechungen machen
Palatia *n Pl.* die kaiserlichen Wohnungen
8 Cānus/Glaphyrus männl. Eigennamen (berühmte Musiker)
9 unde *hier* wovon
10 Philomēlus männl. Eigenname (Typ des Aufsteigers / Emporkömmlings)

1. Entwickle aus V. 1 und V. 9 zunächst eine Charakteristik des Fabianus.
2. Arbeite aus dem Epigramm alle „Berufsoptionen" für Fabianus in Rom heraus und begründe, inwiefern V. 4 hierbei eine Sonderstellung einnimmt.
3. Belege die dominante Stilfigur in V. 3 – 8 und entwickle, welchen Effekt diese auf Fabianus' Zukunftsaussichten hat.
4. Arbeite anhand von V. 10 die Pointe des Epigramms heraus und spekuliere über die Erfolgsgründe für Philomelus' Biografie.
5. Unter dem Wertbegriff fides verstand man in Rom Treue und Verlässlichkeit gegenüber Partnern, Klienten und Patronen sowie Bundesgenossen. Erkläre, welche „Färbung" das Adjektiv fidus (V. 9) demgegenüber in diesem Epigramm erhält.

Phileros – dieses Pseudonym bedeutet „Liebesfreund" – zeigt uns eine weitere Form des Aufstiegs im kaiserzeitlichen Rom auf:

Septima iam, Phileros, tibi conditur uxor in agro.
Plus nulli, Phileros, quam tibi, reddit ager.

Schon die siebte Gattin, Phileros,
hast du auf deinem Acker beigesetzt.
Mehr als dir, Phileros, bringt keinem
der Acker ein. *(Übersetzung: N. Holzberg)*

Phileros, schon begräbt dein Feld die
siebente Gattin.
Mehr kann keinem sein Feld tragen,
als, Phileros, dir. *(Übersetzung: A. Berg)*

Vergleicht in Kleingruppen die Übersetzungen, indem ihr auf Abweichungen vom lateinischen Original hinsichtlich Wortbedeutungen, Grammatik, Satzstruktur bzw. Wortstellung eingeht (→ S. 41).

Quid ad nos?

Wo will ich eigentlich wohnen? – Landflucht und Stadtsucht

Sicherlich kann Martials „Umzug“ aus der Provinz Hispania nach Rom nicht direkt mit aktuellen Wohnortverlagerungen verglichen werden. Dennoch weisen die in Martials Epigrammen thematisierten Vor- und Nachteile des römischen Stadtlebens eine überraschend aktuelle Brisanz auf. Städte scheinen eine große Anziehungskraft zu haben, jedoch bietet auch das Landleben nach wie vor einige Vorteile. Allgemein werden folgende Vorzüge für das Leben auf dem Land bzw. in der Stadt vorgebracht:

LAND	STADT
günstiger Wohnraum	breiteres kulturelles Angebot
Ruhe	attraktive Freizeitangebote
viel Natur	Anonymität
höherer Freizeitwert	bessere Bildungseinrichtungen
mehr Platz	gute Infrastruktur
Gemeinschaftsgefühl (jeder kennt jeden, Vereine)	Shopping
artgerechtere Tierhaltung	bessere Karrierechancen
weniger Verkehr	

1. Analysiert, welche dieser Vorzüge in Martials Gedichten behandelt werden, und begründet, welche Vorzüge sich eignen würden, um sie in weiteren Epigrammen zu thematisieren.

2. a) Nehmt eine Klassenabstimmung vor: Wer lebt lieber auf dem Land, wer lieber in der Stadt?

b) Stellt in Kleingruppen relevante Motive für eure Wahl zusammen und untermauert diese mit stichhaltigen Argumenten.

c) Führt eine Debatte zu dieser Streitfrage durch, in der ihr versucht, die jeweils andere Position zu widerlegen.

3. Erfasse, wie das folgende moderne Gedicht zur Stadt Berlin die Frage des Wohnortes bewertet.

Elisabeth Seidel (geb. 1995)

Berlin

Du bist ein toller Gastgeber,
umgibst mich mit Musik
im Tausch gegen mein Zeitgefühl.

Du bist ein nicht endendes Gespräch
mit Fremden und Bekannten.
Ein bunter Faden, verwebt in Begegnungen,
bildet deinen Klangteppich.

Du suggerierst mir Antworten
auf nicht gestellte Fragen,
ich möchte dir nachjagen
und weiß doch, es ist trügerisch,
denn die Antworten liegen in mir,
nicht in dir.

(www.lyrikmond.de/gedichte-thema-4-172.php#2172)

3. Die High Society in Rom – Klientelwesen und Gastmähler

Morgendliche salutatio. Gemälde von 1899.

INFO GRUNDWISSEN **Das Klientel- und Patronatswesen**

Während der Republik und der frühen Kaiserzeit war das Klientelwesen ein wichtiges Element der römischen Gesellschaft. Es beschrieb die wechselseitige Beziehung zwischen einem einflussreichen patronus und seinen clientes. Der Patron musste seine Klienten z. B. vor Gericht vertreten oder ihnen in Notsituationen helfen. Die Klienten wiederum unterstützten den Patron im Wahlkampf und erschienen jeden Morgen zur salutatio (Begrüßung), um ihn anschließend bei seinen politischen Aufgaben zu begleiten, die stets mit der toga bekleidet verrichtet wurden.

Diskutiert darüber, inwiefern es auch heute noch vergleichbare Abhängigkeitsverhältnisse wie das römische Klientel- und Patronatswesen gibt.

In diesem Kapitel geht es um die Gastmähler der römischen Elite. Stelle alle Begriffe zusammen, die sich dem **Sachfeld „Essen und Trinken"** zuordnen lassen, und gib ihre deutsche(n) Bedeutung(en) an.

convivium | nobilitas | eques | cenare | domini | cibus | sitis | officium | pecunia | bibere | vinum | aqua | fames | frumentum | nobilis | divitiae | valere | cena

Auch die übrigen Wörter lassen sich einem Sachfeld zuordnen. Nenne dieses. Überprüft in den folgenden Kapiteln, ob euch das Anlegen von Sachfeldern vor der Übersetzung bei der Texterschließung hilft.

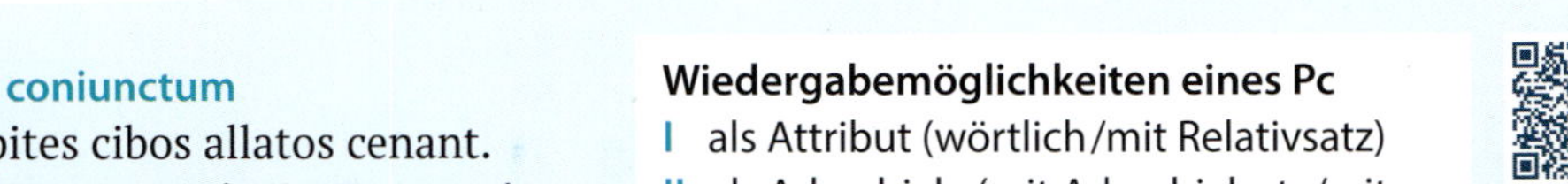

Participium coniunctum

Bsp.: Hospites cibos allatos cenant.
Die Gäste essen die Speisen, nachdem sie herbeigebracht worden sind.

Wiedergabemöglichkeiten eines Pc

I als Attribut (wörtlich/mit Relativsatz)
II als Adverbiale (mit Adverbialsatz/mit Präpositionalausdruck/mit Beiordnung)

43302-04

Weise die oben genannte Übersetzung einer der Übersetzungsmöglichkeiten zu. Die Übung unter dem **QR-Code** bietet dir Hilfestellungen.

In lateinischen Gedichten kommt häufig das Stilmittel **Hyperbaton** vor. Hierbei stehen Wörter, die zusammengehören, nicht nebeneinander, sondern durch einen Einschub voneinander getrennt, was die Übersetzung erschwert. Untersuche vor der Übersetzung die Epigramme der folgenden Doppelseite auf Hyperbata. Die digitale Vorübung hilft dir dabei, zusammengehörige Bezugswörter zu finden (→ **QR-Code**).

43302-05

3.1 Patroni und ihre Partys

Das Klientelwesen in Rom forderte von beiden Seiten, die jeweiligen Pflichten zu erfüllen. Nicht jeder patronus aber nahm seine Aufgaben ernst, was Martial Anlass zur Kritik gab.

1 Nec vocat ad cenam Marius, nec munera mittit,
nec spondet, nec volt credere, sed nec habet.
Turba tamen non dest, sterilem quae curet amicum.
Eheu! Quam fatuae sunt tibi, Roma, togae!

1 Marius männl. Eigenname
2 spondēre Bürge sein
volt → INFO
crēdere *hier* leihen
3 dest → INFO
sterilis, e erfolglos
4 ēheu! ach!
fatuus, a, um albern, dumm
toga → Einleitung, S. 17

- - - - - - - - - - -

2 Mentiris: Credo. Recitas mala carmina: Laudo.
Cantas: Canto. Bibis, Pontiliane: Bibo.
Pedis: Dissimulo. Gemma vis ludere: Vincor.
Res una est, sine me quam facis: Et taceo.
Nil tamen omnino praestas mihi. „Mortuus“, inquis,
„accipiam bene te.“ Nil volo: Sed morere!

2 Pontiliānus männl. Eigenname
3 pēdere furzen
dissimulāre *hier* so tun, als ob nichts gewesen wäre
gemma *hier* der (Spiel-)Stein
4 ! Ūna rēs est, quam … facis
5 praestāre *hier* etw. für jdn. tun
6 bene accipere *hier* gut behandeln
morere *Imp. zu* morī

- - - - - - - - - - -

3 Ignotos mihi cum voces trecentos,
quare non veniam vocatus ad te,
miraris quererisque litigasque.
Solus ceno, Fabulle, non libenter.

1–3 ! Cum trecentōs mihi īgnōtōs (virōs) vocēs, mīrāris … lītigāsque, quārē …
trecentī dreihundert, *poet.* unzählige
3 lītigāre streiten, schimpfen
4 Fabullus männl. Eigenname

1. Fertige von Epigramm 1 und 2 eine metrische Analyse an (→ S. 6 f.).
2. a) Fasse den Inhalt der jeweiligen Gedichte knapp zusammen.
b) Erläutere unter Einbezug des Einleitungstextes, worin jeweils die Kritik Martials besteht.
3. Untersuche, welche Funktion die Hyperbata (→ S. 17, 45 f.) in den Gedichten haben.
4. a) Informiere dich über die Leserschaft Martials (→ S. 13).
b) Erkläre dann, wieso Martial in seinen Epigrammen fiktive Namen verwendet – getreu seinem Motto parcere personis, dicere de vitiis – „die Personen schonen, über Fehler sprechen“.

INFO GRUNDWISSEN Besonderheiten der Dichtersprache

In der Dichtung gibt es einige Besonderheiten, auf die du stoßen wirst. Neben einer allgemein *freieren Wortstellung* kannst du folgende Details beobachten, die sich von Prosatexten unterscheiden, z. B.:

Kurzformen:
- Ausfall von -vi- oder -ve- beim v-Perfekt: z. B. cenasse (statt cenavisse), clamaris (statt clamaveris)
- Ausfall von Silben: z. B. dest (statt deest), nil (statt nihil), dein (statt deinde)

Sog. dichterischer Plural:
- z. B. ora (statt os)

Akk. Pl. der 3. Dekl. auf -is statt auf -es:
- z. B. tenuis (statt tenues)

Verwendung archaischer Formen:
- z. B. volt (statt vult)

Relativsätze ohne Bezugswort:
- z. B. (id), quod: (das), was; (is), qui: derjenige, der; wer

3.2 Bunte Festgesellschaft

Nicht nur die Gastgeber werden aufs Korn genommen, sondern auch die Gäste sind Ziel des Spottes …

1 Numquam se cenasse domi Philo iurat, et hoc est:
Non cenat, quotiens nemo vocavit eum.

1 cēnāsse → *INFO*
Philō männl. Eigenname
! hoc est (vērum)

---

2 Medio recumbit imus ille qui lecto,
calvam trifilem semitatus unguento,
foditque tonsis ora laxa lentiscis,
mentitur, Aefulane: Non habet dentes.

Der da, der auf der mittleren Liege am letzten Tisch liegt, der seine drei Haare auf dem Schädel mit Salbe zu einem Scheitel frisiert hat und mit runden Zahnstochern im weit geöffneten Mund bohrt, der macht dir etwas vor, Aefulanus: Er hat gar keine Zähne. *(Übersetzung: J. Loy)*

---

3 Potor nobilis, Aule, lumine uno
luscus Phryx erat alteroque lippus.
Huic Heras medicus „Bibas caveto:
Vinum si biberis, nihil videbis."
Ridens Phryx oculo „Valebis" inquit.
Misceri sibi protinus deunces,
sed crebros iubet. Exitum requiris?
Vinum Phryx, oculus bibit venenum.

1 pōtor der Säufer
Aulus/Phryx männl. Eigennamen
2 luscus, a, um (auf einem Auge) blind
! alterō (lūmine)
lippus, a, um triefend, triefäugig
3 Hērās männl. Eigenname
medicus → LW 1.2
! cavē(tō), (nē) bibās!
5 ! oculō *Dat.*
6 deūnx, ūncis elf Zwölftel (Bechermaß)
7 exitus → exīre

1. Fertige von Epigramm 1 eine metrische Analyse an (→ S. 6 f.).
2. Stelle aus den Epigrammen zusammen, was jeweils Anlass für Martials Spott ist.
3. Erschließe aus den Gedichten und dem Bild, was typisch für die convivia der Kaiserzeit war.
4. Weist in den Gedichten Martials Epigrammtechnik (→ S. 8) nach.
5. Vergleiche die Übersetzung zu Epigramm 2 mit dem lateinischen Original. Eine Hilfestellung dazu findest du auf S. 41.

Die Römer: Gastmahl bei einem Vornehmen mit Gladiatorengefecht, Holzstich von 1865.

Quid ad nos?

Sehen und gesehen werden – damals wie heute

Eine Einladung zu einem convivium war in Rom heiß begehrt – vor allem bei den clientes, die ihren Status in der Gesellschaft verbessern wollten. Bei den Feiern konnte man Beziehungen knüpfen und sozial aufsteigen. Seit der Kaiserzeit waren diese Gastmähler sehr pompös und Sinnbild für Prasserei und Völlerei, musste der patronus doch zeigen, zu welchem Luxus er imstande war.

Auch heute gilt für die High Society, was in Rom wichtig war: Das Netzwerken ist v.a. bei Empfängen oder Feiern möglich, wo man die Gelegenheit hat, ins Gespräch zu kommen und sich mehr oder weniger zwanglos zu unterhalten. Für die Klatschpresse sind diese Events ein beliebtes Ziel, da sich Informationen über das Leben von in der Öffentlichkeit bekannten Personen gut verkaufen lassen – ob das der Kleidungsstil, neueste Beziehungsdramen oder auffälliges Verhalten sind.

Berühmte Persönlichkeiten zeigen sich jedes Jahr bei den Oscarverleihungen von ihrer schönsten Seite.

1. Auf einem ausgerollten roten Teppich (vgl. Bild) gehen prominente Personen bei besonderen Anlässen. Diskutiert darüber, wieso viele Menschen damals wie heute von dem Verhalten oder privaten Details bekannter Persönlichkeiten fasziniert sind.
2. a) Recherchiert in Kleingruppen nach aktuellen News der sog. Regenbogen-Presse.
   b) Analysiert ihren Inhalt: Gibt es Überschneidungen mit Martials Beobachtungen? Welche Unterschiede gibt es?
   c) Erstellt eine digitale Collage, auf der ihr eure Beobachtungen über die damalige sowie die heutige High Society festhaltet.
3. Untersucht unter Zuhilfenahme von *INFO*, welchen Stellenwert Beziehungen – damals wie heute – in der Karriere haben.

INFO **Netzwerken**

Netzwerken (auch „networken" oder „networking" genannt) beschreibt – laut Definition – den Aufbau und die Pflege des eigenen Kontaktnetzwerks. Ziele des Netzwerkens sind der Wissensaustausch, gegenseitige Hilfe und nicht zuletzt der berufliche Vorteil – etwa bei der Jobsuche oder Karriere. Dabei basiert das Netzwerk auf dem Prinzip der Freundesfreunde: Jedes neue Mitglied bringt seinerseits neue Kontakte ein. So erweitert sich das entstehende Beziehungsgeflecht stetig.

(Jochen Mai, Netzwerken lernen: 30 Tipps für richtiges Networking, 11.12.2022 https://karrierebibel.de/netzwerken-richtig-lernen/)

4. Martial und der römische Literaturbetrieb

Im „Auditorium des Hadrian" lasen Schriftsteller ihre Werke öffentlich vor.

Schon in der Antike bestand die Möglichkeit, mit dichterischem Talent nicht nur künstlerisch berühmt, sondern auch finanziell erfolgreich zu werden. Hierfür gab es im Rom der Kaiserzeit zahlreiche Buchhandlungen (tabernae librariae) und auch öffentliche Bibliotheken (bibliothecae). Autoren und Dichter ließen bei Verlegern ihre Werke vervielfältigen, indem diese von Hand abgeschrieben und als Schriftrollen in Röhren (scrinia) aufbewahrt wurden. Für den Käufer waren Titel, Kurzzusammenfassungen und Leseproben zugänglich. Ferner konnten literarische Werke auch durch öffentliche Lesungen (recitationes) einer breiteren Öffentlichkeit zugänglich gemacht werden. Aber es gab auch literarische Ladenhüter, was sich an der folgenden Mitteilung eines Sohnes an seinen Vater erkennen lässt: „Deios kam zu uns und zeigte uns die sechs Pergamente. Wir haben nichts davon ausgewählt."

Nenne heutige Werbemöglichkeiten für neu publizierte Literatur.

abc

Die **Sachfelder „Literatur"** und **„Handel"** waren eng miteinander verknüpft. Erstelle eine Mindmap aus möglichst vielen Begriffen der folgenden Wörterreihe, sodass durch die grafische Anordnung Verbindungen, Kontraste, Ursachen und Wirkungen etc. ersichtlich werden. Gib auch – ggf. mithilfe eines Wörterbuchs – die deutsche(n) Bedeutung(en) der Wörter an.

liber | litterae | malus, a, um | recitare | donare | ignotus, a, um | poeta | libelli | vendere | bibliopola | legere | emere | carmen | scribere | mediocris, e | fama | versus | edere | gratis | commendare | praeclarus, a, um | epigrammata | titulus | placere

„…"

In Gedichten können **Relativsätze** eine besondere Herausforderung darstellen, da durch die freiere Wortstellung die Verbindung zwischen Relativpronomen und Bezugswort im Hauptsatz – sofern es überhaupt vorhanden ist – häufig schwer zu erkennen ist.

43302-06

Erfasse zunächst den Inhalt der folgenden Sätze, ergänze dann passende Formen des Demonstrativpronomens is, ea, id und übersetze. Versuche auch – wo möglich – eine passende deutsche Übersetzung *ohne* diese Einfügung zu finden.

? , qui epigrammata Martialis legat, saepe rubet (errötet).
Nam ? , quae Martialis in carminibus reprehendat, Romanos pudore afficiunt.
Interdum ? , quorum vitia Martialis patefacit, etiam rident.

Weitere digitale Übungen zum Thema Relativsätze findest du unter dem **QR-Code**.

4.1 Eine Frage der literarischen Qualität … und des Profits!

Dass der römische Literaturmarkt ein hart umkämpftes Geschäft war und Martial sich dessen Mechanismen völlig bewusst war, können wir zahlreichen Epigrammen entnehmen.

1 Sunt quidam, qui me dicant non esse poetam:
Sed, qui me vendit, bibliopola putat.

2 bibliopōla der Buchhändler
! Sed bibliopōla, quī mē vendit, putat (mē esse poētam).

---

2 Exigis, ut nostros donem tibi, Tucca, libellos.
Non faciam: Nam vis vendere, non legere.

1 Tucca männl. Eigenname

---

3 Cur non mitto meos tibi, Pontiliane, libellos?
Ne mihi tu mittas, Pontiliane, tuos.

1 Pontiliānus männl. Eigenname

---

4 Sunt bona, sunt quaedam mediocria, sunt mala plura,
quae legis hīc: Aliter non fit, Avite, liber.

1 mediocris, e mittelmäßig
2 Avītus männl. Eigenname

---

5 Quidam me modo, Rufe, diligenter
inspectum velut emptor aut lanista
cum vultu digitoque subnotasset,
„Tune es, tune“, ait, „ille Martialis,
cuius nequitias iocosque novit,
aurem qui modo non habet Batavam?“
Subrisi modice levique nutu
me, quem dixerat, esse non negavi.
„Cur ergo“, inquit, „habes malas lacernas?“
Respondi: „Quia sum malus poeta.“
Hoc ne saepius accidat poetae,
mittas, Rufe, mihi bonas lacernas!

1–3 ! Cum quīdam velut ēmptor aut lanista mē … (īnspexisset) et … subnotā(vi)sset
1 Rūfus männl. Eigenname
2 ēmptor der Sklavenhändler
lanista der Fechtmeister
3 subnotāre digitō + *Akk.* mit dem Finger auf jdn. zeigen
5 nēquitia der Witz
6 aurem … habēre Batāvam Bataverohren haben (= ein ungebildeter Trottel sein)
7 subrīdēre modice ein wenig lächeln
nūtus, ūs das Nicken
8 ! nōn negāvī mē esse (eum), quem dīxerat
9 lacernae, ārum *f Pl.* die Kleider

1. Stelle alle Konjunktivformen auf dieser und der folgenden Textseite zusammen und begründe grammatikalisch, warum diese jeweils vorliegen.
2. a) Erkläre, welche Adressaten in den Gedichten 2 bis 5 vorliegen.
   b) Erläutere, worin Martials Kritik an diesen Adressaten besteht.
3. a) Erstelle eine Gliederung für das Epigramm 5.
   b) Begründe, warum die Wendung quia sum malus poeta (V. 10) der interpretatorische Dreh- und Angelpunkt des Gedichts 5 ist.
4. Belege das Stilmittel Parallelismus (→ S. 9, 45 f.) an den Gedichten dieser Seite.

4.2 Poeta nascitur ... aut fur fit!

INFO Wessen Verse?

Wer im antiken Rom von seiner Dichtkunst leben wollte, war auf den Verkauf der Bücher und auf deren öffentlichen Vortrag angewiesen. Vor diesem Hintergrund ist von entscheidender Bedeutung, dass damals geistiges Eigentum gegen Bezahlung in den Besitz des Käufers übertragen werden konnte. Aufgrund der Verdienstmöglichkeiten haben weniger talentierte Autoren Verse fremder Dichter als die eigenen ausgegeben, ohne dafür zu bezahlen. Es konnte also durchaus zu Plagiatsfällen kommen, da es kein Copyright zum Schutz des geistigen Eigentums gab. Martial setzt auch dieses Dilemma mit süffisantem Ton künstlerisch um.

1
Fama refert nostros te, Fidentine, libellos
non aliter populo quam recitare tuos.
Si mea vis dici, gratis tibi carmina mittam.
Si dici tua vis, hoc eme, ne mea sint!

1 Fidentinus männl. Eigenname
3 ! Sī vīs (carmina) mea dīcī
4 hōc ..., nē damit nicht

2
Carmina Paulus emit, recitat sua carmina Paulus.
Nam, quod emas, possis iure vocare tuum.

1 Paulus männl. Eigenname
2 ! Nam (id), quod ...

3
Commendo tibi, Quintiane, nostros,
nostros dicere si tamen libellos
possum, quos recitat tuus poeta.
Si de servitio gravi queruntur,
adsertor venias satisque praestes
et, cum se dominum vocabit ille,
dicas esse meos manuque missos!
Hoc si terque quaterque clamitaris,
impones plagiario pudorem.

1 commendāre anvertrauen
Quīntiānus männl. Eigenname
! Commendō tibi, Quīntiāne, nostrōs (libellōs)
3 poēta → LW 4.1
4 ! Sī (libellī) dē servitiō gravī queruntur
servitium der Sklavendienst, die Knechtschaft
5 adsertor als Beschützer
praestāre *hier* sich einsetzen
7 ! dīcās (libellōs) esse meōs manūque missōs
manū missus, a, um frei
8 ter dreimal
quater viermal
clāmitāre laut schreien, (aus)rufen
clāmitāris ~ clāmitāveris
9 plagiārius der Menschenräuber, der Sklavenhändler

1. Erkläre, worin der Unterschied zwischen den „Dichtern" Fidentinus und Paulus in den Epigrammen 1 und 2 besteht.

2. a) Bisweilen erhoben Römer vor Gericht Eigentumsansprüche auf eigentlich schon freigelassene Ex-Sklaven. Recherchiere vor der Übersetzung von Gedicht 3 die Details einer Sklavenfreilassung (manumissio) sowie des Gerichtsverfahrens in derartigen Eigentumsstreitigkeiten, um den Hintergrund des Gedichts verstehen zu können.

b) Begründe, warum Martial hier die Personifikation (→ S. 45 f.) als dominantes Stilmittel einsetzt.

3. Tauscht euch darüber aus, welches der Gedichte zum Literaturbetrieb das Prinzip von Erwartung und Aufschluss bzw. die Pointe am besten umsetzt.

Quid ad nos?

Haltet den (geistigen) Dieb!

Das „Klauen“ geschriebener Zeilen, vor dem auch Martial nicht geschützt war, ist aktuell für Schule, Studium und Berufsleben äußerst relevant, was etwa folgende Entscheidung der Universität Münster zeigt:

Plagiate

Abschreiber fliegt ohne Abschluss von der Uni

Unrühmliches Ende einer Uni-Laufbahn: Ein Münsteraner BWL-Student hatte bei anderen Autoren gewildert und sich seine Diplomarbeit zusammenkopiert – ohne Quellenangaben. Die Uni Münster setzte den Copy-Paste-Sünder ohne Abschluss vor die Tür. Seine Klage scheiterte.

(© Deutsche Presseagentur dpa, Arbeit abgekupfert – Student im Internet überführt und rausgeworfen, 20.02.2009)

1. Diskutiert, ob die Entscheidung der Universität Münster gerechtfertigt ist.

2. a) Recherchiere, worin die aktuellen Standards an Schulen oder Universitäten für die Erwähnung fremder Texte in Präsentationen oder schriftlichen Arbeiten bestehen, und erstelle eine Liste der wichtigsten *Dos* und *Don'ts*. Nenne den wesentlichen Unterschied zum antiken „Urheberrecht“.

b) Recherchiere zu aktuellen Plagiatsfällen, die bei Prominenten zur Aberkennung von akademischen Titeln geführt haben. Präsentiert eure Ergebnisse in der Klasse und diskutiert darüber, ob die Konsequenzen gerechtfertigt erscheinen.

c) Aktuell bemerken wir, dass künstliche Intelligenz – etwa in Form eines Chatbots – immer stärker in unseren Alltag vordringt: Erörtere, welche Vor- und Nachteile der Einsatz künstlicher Intelligenz im schulischen und universitären Umfeld mit sich bringt, und begründe, wie sich Schule und Universität vor diesem Hintergrund verändern wird bzw. muss.

Die Frage des Schutzes geistigen Eigentums hatte in jüngerer Vergangenheit auch direkte Auswirkungen auf unser Privatleben und Freizeitverhalten: Dass wir heute für Musik, Serien und Filme ganz selbstverständlich auf gebührenpflichtige Streaming-Dienste zugreifen, ist ursprünglich eng mit dem Problem des Diebstahls von geistigem Eigentum verknüpft. Während die Musik- und Filmindustrie schon zuvor mit illegalen Raubkopien und deren Verbreitung auf Kassetten oder CDs zu kämpfen hatte, eröffneten die Möglichkeiten des Internets völlig neue Dimensionen für Plagiatoren.

3. Recherchiere im Internet zu der Klage, die Künstler wie die Band Metallica oder der Rapper Dr. Dre im Jahre 2000 gegen die Firma *Napster* führten. Erläutere, welche Konsequenzen diese Klage für den Schutz geistigen Eigentums hatte und wie diese zur Entwicklung heutiger Streaming-Dienste beitrug.

4. Diskutiert im Plenum darüber, ob heutzutage der Diebstahl von materiellen Gütern oder der Diebstahl geistigen Eigentums schwerer wiegt.

5. Vergleicht auf Basis der präsentierten Martial-Epigramme zum römischen Literaturbetrieb sowie eurer Erkenntnisse aus den obigen Aufgaben 1 bis 4, inwiefern die Motivlage, geistigen Diebstahl zu begehen, sich von Martials Zeit bis heute verändert hat bzw. gleich geblieben ist.

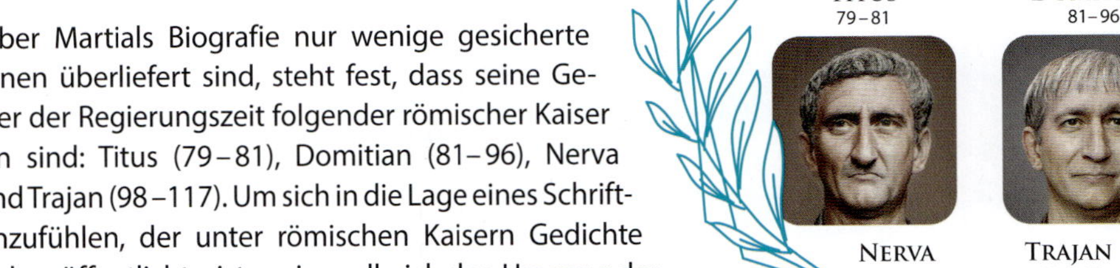

5. Jedes Wort will gut überlegt sein! – Martial und die Kaiser

Digitale Rekonstruktionen der Kaiser Titus, Domitian, Nerva und Trajan.

Obwohl über Martials Biografie nur wenige gesicherte Informationen überliefert sind, steht fest, dass seine Gedichte unter der Regierungszeit folgender römischer Kaiser entstanden sind: Titus (79–81), Domitian (81–96), Nerva (96–98) und Trajan (98–117). Um sich in die Lage eines Schriftstellers einzufühlen, der unter römischen Kaisern Gedichte schrieb und veröffentlichte, ist es sinnvoll, sich den Umgang der Kaiser mit kritischen Stimmen bewusst zu machen. Da sich Octavian wichtige Machtbefugnisse dauerhaft aneignete, galt er als erster *princeps*, d.h. führender Mann im Staat. Diese große Machtfülle schränkte die Rechte des Senats sowie der Volksversammlung zunehmend ein. An dieser Praxis hielten auch die folgenden Kaiser fest, die mitunter nicht davor zurückschreckten, unliebsame Gegenstimmen gewaltsam auszuschalten.
Mit seiner eigenen Mutter, zwei Ehefrauen und seinem Lehrer Seneca entledigte sich etwa Kaiser Nero hemmungslos auch ihm sehr nahestehender Personen, um sein selbstsüchtiges und ausschweifendes Machtstreben weiter zu verfolgen.

Diskutiert auf Grundlage dieser Informationen zum Prinzipat, ob ihr politische Schriftstellerei unter diesen Bedingungen überhaupt für sinnvoll haltet. Benennt mögliche politische Themen.

abc

43302-07

Martial schrieb seine Gedichte einige Jahre nach Augustus und Nero, als der Prinzipat und somit auch die Machtfülle der römischen Kaiser stärker etabliert waren. Hierzu trug auch der Kaiserkult bei, d.h. die Verehrung des Kaisers, die fester Bestandteil des öffentlichen Religionswesens wurde. Folgendes Sachfeld beinhaltet hierzu wichtige Begriffe:

immortalis | supplex | divus | imperare | credere | superi | sanctus | iubere | vereri | pius | deus | metuere | sacrum facere | divinus | dea

a) Unter dem QR-Code können vergessene Bedeutungen dieser Vokabeln wiederholt werden. Stelle diejenigen Wörter zusammen, die positive und/oder negative „Untertöne" haben, und begründe dies.
b) Begründe, warum römische Kaiser im Kaiserkult erst nach ihrem Tod als Gott verehrt werden wollten.

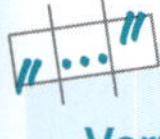

Verflixtes quod. Kleine Wörter sind im Lateinischen oft tückisch. Das Gedicht auf der folgenden Seite beginnt zum Beispiel mit dem Wort quod, das kausale, faktische oder relative Bedeutung haben kann. Übersetze als Vorbereitung die folgenden quod-Sätze:

Amphitheatrum Flavium, **quod** postea „Colosseum" nominabatur, aedificium praeclarum erat.
Romani imperatorem Titum laudaverunt, **quod** amphitheatrum Flavium perfecerat.
Sed hoc, **quod** etiam animalia inter se pugnabant, crudele erat.

5.1 Titus – tierische Kaiserverehrung

Folgendes Epigramm ist dem sogenannten Liber spectaculorum entnommen – einer Gedichtsammlung Martials, die wohl zur Eröffnung des Kolosseums in Rom im Jahre 80 n. Chr. veröffentlicht wurde. Das Gedicht stellt eine panegyrische Lobpreisung (vgl. INFO) des Kaisers Titus dar.

Erkläre auf Basis deines Wissens über das Kolosseum, warum die Abbildung eine besondere Art des „Schauspiels“ in dieser Arena darstellt.

Quod pius et supplex elephas te, Caesar, adorat,
hic, modo qui tauro tam metuendus erat,
non facit hoc iussus nulloque docente magistro.
Crede mihi, nostrum sentit et ille deum.

1 elephās *m* ~ elephantus
2 ! hic (elephās), quī …
taurus der Stier
3 hoc *Bezieht sich auf den gesamten Inhalt von V. 1*
iussus auf Befehl
4 et ~ etiam

1. Erstelle eine metrische Analyse dieses Epigramms. Benenne die Begriffe, die durch die Zäsuren in V. 1, 3 und 4 besonders betont werden (→ S. 6 f.).
2. Obwohl Kaiser gemeinhin erst nach ihrem Tod vergöttlicht wurden, soll Kaiser Domitian die Anredeformel deus et dominus (Herr und Gott) schon zu Lebzeiten beansprucht haben. Erläutere auf dieser Basis, wie Martial den Kaiser Titus – den Vorgänger Domintians! – hier verherrlicht.
3. Belege am lateinischen Text, welche sprachlichen Stilmittel (→ S. 45 f.) hierbei hervorstechen.

INFO **GRUNDWISSEN Panegyrik**

Angesichts der Machtfülle römischer Kaiser ist es wenig verwunderlich, dass schmeichelnde Lobreden oder huldigende Schriftstücke auf sie verfasst wurden. Man nennt diese Lobpreisungen Panegyrik. Auch unter Martials Gedichten finden sich einige Epigramme, die etwa Kaiser Titus oder Domitian in ein sehr positives Licht rücken: Da Domitian sich über die Jahre aber als sehr grausamer Herrscher entpuppte, wurde Martial nach Domitians Tod für diese überaus schmeichlerischen Verse stark kritisiert. Noch zu Lebzeiten des Kaisers werden sie dem Dichter wohl finanzielle Vorteile in dem hart umkämpften Literaturmarkt eingebracht haben. Schon unter Kaiser Augustus haben die Dichter Horaz und Vergil als Mitglieder des sogenannten Maecenas-Kreises materiell durch ihre pro-augusteischen Dichtungen profitiert. Panegyrische Texte sind insbesondere dann interessant, wenn die Autoren auch mahnende oder belehrende Worte an die Herrscher richten (Fürstenspiegel).

5.2 Domitian – ein echter Allrounder

Auch dem folgenden Kaiser Domitian dankt Martial überschwänglich für seine Leistungen für die Stadt Rom. Bei der offiziellen Bezeichnung römischer Kaiser (sog. Kaisertitulatur) wurde nicht nur der Begriff princeps genannt, sondern eine ganze Reihe von Sieger-, Amts- und Ehrentiteln.

Arbeite aus der Münzinschrift alle „Funktionen“ des Kaisers Domitian heraus:

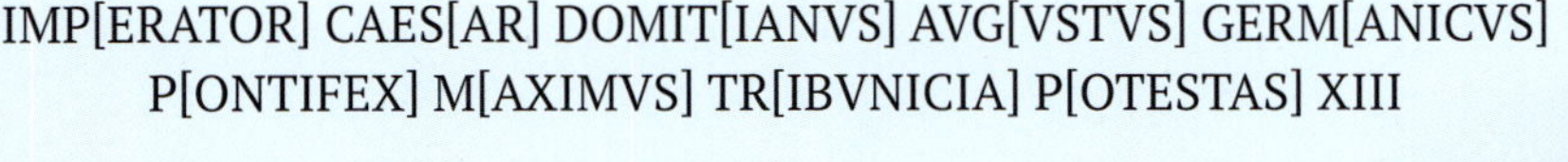

IMP[ERATOR] CAES[AR] DOMIT[IANVS] AVG[VSTVS] GERM[ANICVS]
P[ONTIFEX] M[AXIMVS] TR[IBVNICIA] P[OTESTAS] XIII

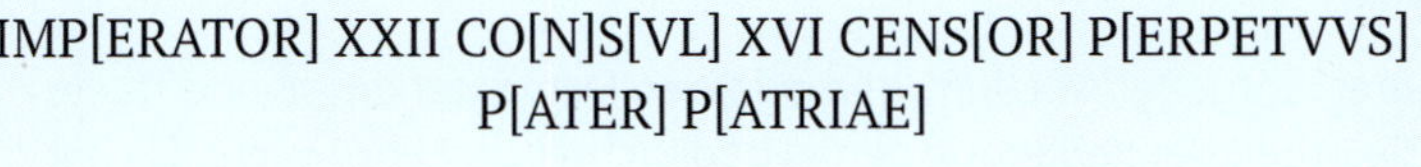

IMP[ERATOR] XXII CO[N]S[VL] XVI CENS[OR] P[ERPETVVS]
P[ATER] P[ATRIAE]

Censor maxime principumque princeps,
cum tot iam tibi debeat triumphos,
3 tot nascentia templa, tot renata,
tot spectacula, tot deos, tot urbes,
plus debet tibi Roma, quod pudica est.

2 triumphus der Triumph(zug)
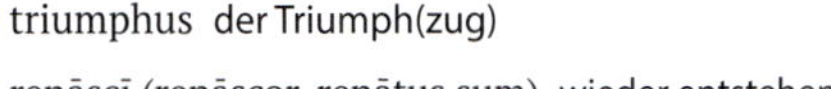
3 renāscī (renāscor, renātus sum) wieder entstehen
4 spectāculum das Schauspiel
5 pudīcus, a, um schamhaft, keusch

1. a) Bei dem Epigramm handelt es sich um ein Widmungsgedicht an den Adressaten Domitian. Erschließe hieraus die Kasusfunktion der Endung -e in maxime (V. 1).
   b) Wähle die jeweils passende Bedeutung zum Verb debere (V. 2) aus:
   - Princeps civibus consulere debet.
   - Itaque populo multa beneficia debet.
2. Arbeite heraus, wie die Verherrlichung des Domitian in diesem Gedicht funktioniert, indem du
   a) dessen Leistungen anhand lateinischer Kernbegriffe auf dessen Kaisertitulatur beziehst,
   b) das vorherrschende Stilmittel bestimmst (→ S. 45 f.) und dessen Wirkungsweise mit dem Inhalt verknüpfst und
   c) die mögliche Wirkung auf die Zuhörer beschreibst, wenn es laut vorgelesen wird.
3. a) Erkläre unter Einbezug des INFO-Kastens, welche Rolle der Begriff pudica (V. 5) im Gedicht spielt.
   b) Stelle eine Vermutung darüber an, ob sich die Bevölkerung Roms durch derartige Gesetze für eine Heirat motivieren lässt. Erkläre, wie deine Vermutung die Interpretation des Epigramms verändern könnte.

INFO GRUNDWISSEN **Zensorenamt**

Neben der Vermögensüberwachung der römischen Bevölkerung sowie der damit verbundenen Einteilung in diverse Gesellschaftsstände hatten die römischen Zensoren zudem die Aufgabe, auf die Einhaltung von Sitte und Anstand zu achten. Sie ahndeten etwa solches Verhalten, das gegen pudor als moralische Richtlinie verstieß. Als Zensor sorgte Kaiser Domitian für die Wiedereinführung der augusteischen Ehegesetzgebung, der Lex Iulia de adulteriis coercendis: Demnach wurden außereheliche Beziehungen unter Strafe gestellt.

Quid ad nos?

Politische Opposition – zwischen Bürgerpflicht und Lebensgefahr

Aufgrund seiner grausamen Regierungsweise wurde Domitian schließlich von Verschwörern ermordet. Dass Martial, der Domitian zu Lebzeiten in vielen Gedichten gelobt hatte, diesen nun ebenfalls heftig kritisierte, wurde ihm oft vorgeworfen. Zu seiner Verteidigung lässt sich jedoch sagen, dass Kritik am Kaiser Domitian den Verfasser in Todesgefahr gebracht hätte.

Uns, die wir in einem freiheitlich demokratischen Staat leben, ist diese Angst glücklicherweise fern. Im Gegenteil: Opposition gegen Regierende wird heute als wichtige „Triebfeder“ für das Funktionieren von Demokratien angesehen.

INFO **Politische Opposition**

Das Wort Opposition bedeutet „Entgegensetzung“. In modernen Demokratien ist eine starke Opposition wichtig, da sie die Arbeit der Regierung genau beobachtet und überwacht. Sie hat also die Aufgabe, die Herrschenden zu kontrollieren und bei Bedarf Gegenvorschläge für Gesetze zu formulieren, um andere, bessere Lösungen aufzuzeigen.

1. Recherchiert in Gruppen, in welchen Ländern die oben genannte Oppositionsfunktion aktuell nicht geleistet werden kann, da es gefährlich ist, öffentlich Kritik an Machthabern bzw. Regierungen zu äußern, und gestaltet hierzu ein Plakat, einen Podcast oder ein kurzes Erklärvideo.
2. Nenne Situationen, in denen du mit „Mächtigen“ kommunizieren musstest, und erkläre, inwiefern dich diese Hierarchie beeinflusst hat.
3. Erörtert in Kleingruppen, inwiefern Literatur oder Kunst im Allgemeinen dafür geeignet sein kann, Kritik an Mächtigen zu transportieren.

Zur Diskussion kann auch das folgende Gedicht Martials (ep. 1,48) in deutscher Übersetzung herangezogen werden:

Dompteure konnten jenem Rachen Stiere nicht entreißen,
in dem als Beute, flüchtig, hin und her der Hase springt.
Erstaunlicher: Der Hase kehrt noch munterer zurück und profitiert von seines Feindes Edelmut.
Geschützter ist er nicht, wenn er allein im Sande rennt
und wird im Käfig nicht mit solcher Sicherheit verwahrt.
Verwegner Hase, wenn du Hundebisse meiden willst,
hast du des Löwen Maul, wohin du flüchten kannst.

(Übersetzung: W. Hofmann)

6. Partnerschaft, Ehe, Sexualität – Martial und die Liebe

Als besonders produktives Themengebiet entpuppt sich für Martial die sehr reizvolle Kluft zwischen den recht rigiden öffentlichen Rollen von Ehemann und Ehefrau und den überaus frivolen Verhaltensweisen der Römer im „geheimen" Liebesleben.

INFO **Feste Rollen in der römischen Ehe**

Lange Zeit waren im antiken Rom die familiären Rollen von Mann und Frau eng definiert: Der Mann traf als pater familias alle Entscheidungen und vertrat die Hausgemeinschaft in rechtlichen Angelegenheiten; er konnte sogar über Leben und Tod der ihm Anvertrauten bestimmen (ius vitae necisque). Die Eheschließung hatte als Ziel vor allem die Zeugung und Erziehung von Kindern (matrimonium): Mit einer Heirat unterstellte sich die Frau der Entscheidungsgewalt ihres Ehemannes. Ab dem 3. Jh. v. Chr. gewann die sog. manus-freie Ehe immer mehr an Bedeutung, in der eine stärker emanzipierte Frau auch die Scheidung einreichen und über ihr eigenes Vermögen verfügen konnte.

Entwickelt vor dem Hintergrund dieser Informationen, welche Problematiken, aber auch „Chancen" sich für die Partnerwahl im antiken Rom ergaben. Auf der Abbildung ist eine römische Hochzeitszeremonie dargestellt, die dextrarum iunctio („Vereinigung der rechten Hände"), zu Füßen des Brautpaares der Gott Amor. Analysiert das Bild und arbeitet das Verhältnis von Mann und Frau heraus.

abc

Gegensätze ziehen sich an! Dass Martial gerade in den Epigrammen zum Thema Liebe häufig **Antithesen** verwendet, ist keine Überraschung. Hierbei werden gegensätzliche Begriffe unmittelbar gegenübergestellt und dadurch akzentuiert. Nenne die lateinischen „Gegenstücke" zu den folgenden Begriffen aus dem **Sachfeld „Liebe"**. Behalte jeweils die Wortart bei.

amor | velle | difficilis, e | meus, a, um | flere | torquere | iucundus, a, um | fugere | dolor | felix | sperare | luctus

43302-08

Nicht selten sind die Antithesen mit einer parallelen oder chiastischen Satzstellung kombiniert, d. h. die relevanten Satzglieder bzw. Wörter sind in einem gleichen bzw. „über Kreuz" angeordneten Satzbau arrangiert. Untersuche die Epigramme der folgenden Seite schon vor der Übersetzung auf die Stilmittel **Parallelismus** und **Chiasmus** und gewinne dadurch einen ersten Zugang zum Inhalt.

6.1 Tecum aut sine te – römisches Gefühlschaos?

Als feinfühliger Beobachter seiner Mitmenschen spiegelt der „Psychologe" Martial in folgenden Epigrammen die scheinbare emotionale Zerrissenheit verliebter Römer in deren Beziehungen bzw. bei der Partnerwahl wider. Im ersten Gedicht kommt er hierbei auch auf eine homosexuelle Beziehung zu sprechen, die im antiken Rom durchaus keine Seltenheit war.

1 Insequeris, fugio; fugis, insequor. Haec mihi mens est:
Velle tuum nolo, Dindyme, nolle volo.

1 mēns ~ nātūra
2 tuum ~ tē
Dindymus männl. Eigenname

---

2 Difficilis facilis, iucundus acerbus es idem:
Nec tecum possum vivere nec sine te.

1 īdem *hier* gleichzeitig

---

3 Qualem, Flacce, velim, quaeris, nolimque puellam?
Nolo nimis facilem difficilemque nimis.
3 Illud, quod medium est atque inter utrumque, probamus:
Nec volo, quod cruciat, nec volo, quod satiat.

1 ! Quaeris, Flacce, quālem puellam velim nōlimque?
Flaccus männl. Eigenname
4 cruciāre quälen

---

4 Galla, nega! Satiatur amor nisi gaudia torquent.
Sed noli nimium, Galla, negare diu!

1 Galla weibl. Eigenname
negāre *hier* nein sagen

---

1. Beziehungsstatus ungeklärt: Wer spricht hier mit wem? Erkläre, inwiefern sich die Epigramme 1 und 2 hinsichtlich der Sprecher-Adressaten-Perspektive von den Epigrammen 3 und 4 unterscheiden.
2. a) Fertige von 1 bis 4 eine metrische Analyse an und isoliere hierbei Schlüsselwörter durch Berücksichtigung etwaiger Zäsuren (→ S. 6 f.).
   b) Erläutere, inwiefern die gefundenen Stilmittel Antithese, Chiasmus und Parallelismus von der metrischen Anlage der Epigramme unterstützt werden.
3. Verfasse eine schriftliche Kurzinterpretation eines der vier Epigramme, in der du die erarbeiteten inhaltlichen und sprachlich-stilistischen Erkenntnisse miteinander verknüpfst (→ S. 44 f.).
4. Martial war ein großer Bewunderer Catulls (ca. 84–55 v. Chr.), der seine Gedichte noch in der Zeit der römischen Republik verfasste. Mit dessen *carmen* 85 wird offensichtlich, dass die Epigrammform nicht nur für spöttische Zwecke, sondern auch für liebeselegische Dichtungen genutzt wurde:

   Odi et amo. Quare id faciam, fortasse requiris.
   Nescio, sed fieri sentio et excrucior.

   Hass erfüllt mich und Liebe. Weshalb das?, so fragst du vielleicht mich.
   Weiß nicht. Doch dass es so ist, fühl ich und quäle mich ab.

   (Übersetzung: W. Eisenhut)

   Untersuche, inwiefern Martial das Catull-Epigramm als Vorbild für die Gedichte auf dieser Seite genommen haben könnte.

6.2 Potius sine te!

Martial wäre nicht Martial, wenn er nicht auch in Sachen Liebe „unter der Oberfläche kratzen“ und den wahren Kern zweifelhafter Beziehungen schonungslos aufdecken würde …

1
Nubere Paula cupit nobis. Ego ducere Paulam
nolo: Anus est. Vellem, si magis esset anus.

1 Paula weibl. Eigenname
dūcere *hier* heiraten
2 anus die alte Frau

2
Mentiris iuvenem tinctis, Laetine, capillis,
tam subito corvus, qui modo cycnus eras.
3 Non omnes fallis. Scit te Proserpina canum:
Personam capiti detrahet illa tuo.

1 mentīrī → LW 3.1
tīnctus, a, um gefärbt
Laetīnus männl. Eigenname
2 corvus der Rabe
cycnus der Schwan
3 ! Prōserpina scit tē cānum (esse).
Prōserpina die Göttin der Unterwelt
cānus, a, um grau
4 persōna die Maske
dētrahere herabziehen

3
In tenebris luges amissum, Galla, maritum.
Nam plorare pudet te, puto, Galla, virum.

1 lūgēre betrauern
Galla weibl. Eigenname
2 plōrāre laut beweinen

1. Fertige eine metrische Analyse der Epigramme an und trage diese nach der Übersetzung sinnbetont vor (→ S. 6 f.).
2. Weise den Cartoon einem der Epigramme zu.
3. Nenne die jeweils vorliegenden Gründe für das Nichtfunktionieren der Beziehungen und erläutere die Gedanken- bzw. Pointenführung des jeweiligen Epigramms.
4. Gib den Epigrammen passende „knackige“ Überschriften.
5. Erläutere, in welches „Licht“ die Epigramme der linken Seite rücken, nachdem diese Seite übersetzt wurde. Hierzu kann folgende generelle Information zu Martials Absichten als Schriftsteller herangezogen werden:

Stimmen über Martial

Der Wert seiner Epigrammatik beruht in Martials Augen auf seiner engen Verbindung mit dem Leben: quod possit dicere vita, meum est (10,4,8). Martials Werk wird zum Spiegel römischen Lebens. Martial will aber aufrütteln. Der Leser ist erregt, weil er sich getroffen fühlt.

(M. von Albrecht: Geschichte der römischen Literatur. Band 2. München: dtv, ²1997, S. 829f. m. Ausl.)

Quid ad nos?

Mr. Right – Mrs. Right

Zahlreiche Romane, Hollywood-Serien und -Filme greifen die scheinbar zeitlose Suche nach dem Mann bzw. der Frau fürs Leben auf. Meist findet sich hierbei ein Liebespaar, nachdem es eine schier endlose Reihe von dummen Zufällen, Missverständnissen und Problemen überwunden hat, um den Rest seines Lebens in ungetrübtem Glück zu verbringen. Die modernen romantischen Komödien bedienen sich hierbei oft des Aufbaus und der Motive des antiken Romans: Schon in der Antike erfreuten sich Leser/Leserinnen an Geschichten, in denen Liebende sich anfangs die Treue schwören, dann getrennt werden, einander suchen und dabei viele Gefahren überstehen, um schließlich wiedervereint zu werden. Die Strahlkraft dieses ursprünglich antiken Plots scheint heute ungebrochen.

1. Wählt in Gruppen moderne Filme, Romane, Serien etc. zum Thema Liebe aus und erläutert, wie diese obige Motive umsetzen bzw. abwandeln.
2. Diskutiert, inwiefern derartige Filme, Romane, Serien etc. (un)realistisch sind.
3. Nenne notwendige Eigenschaften eines Partners bzw. Partnerin, die eine stabile – vielleicht sogar lebenslange – Beziehung sicherstellen. Ordne diese nach Wichtigkeit und vergleiche und diskutiere deine Ergebnisse mit der Klasse.

Heute finden immer mehr Paare online auf diversen Dating-Portalen zueinander. Einer dieser Dienste legte im Jahr 2018 eine Studie zur Psychologie der Partnerwahl vor, wonach die folgenden sieben Kriterien bei der Partnerwahl besonders relevant seien:

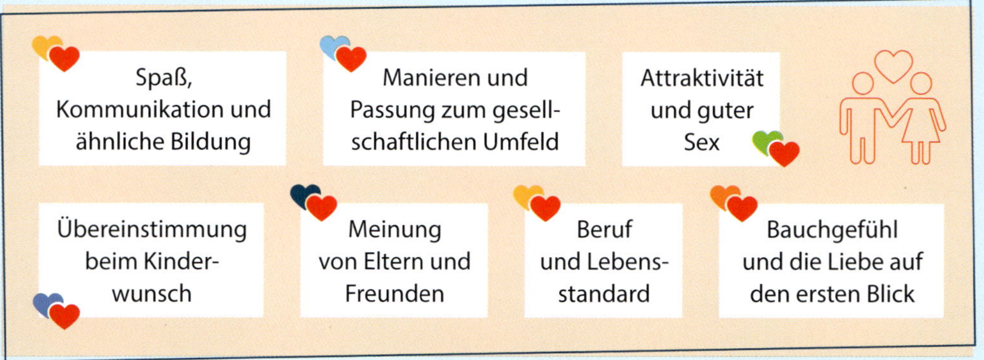

(Partnerwahl: Wie wir in der Liebe entscheiden & welche Tipps helfen https://www.elitepartner.de/magazin/finden/partnerwahl/)

4. Untersuche, inwiefern Martials Epigramme Übereinstimmungen mit den oben genannten Kriterien bei der Partnerwahl bieten. Belege anhand der übersetzten Epigramme, dass Martial bezüglich der Frage der Partnerwahl ein topaktueller Autor ist.

7. Jeder ist seines Glückes

Schmied?

Auch in der Antike gingen die meisten Menschen einer Arbeit nach, um ihren Lebensunterhalt zu finanzieren. Eine große Zahl von Bauern bestellte die Felder und versorgte sich größtenteils selbst. In der Stadt Rom gab es zahlreiche Berufe, wie alle Arten von Handwerkern, aber auch Tagelöhner, die für wenig Geld unterschiedliche Aufgaben erledigen mussten. Angesehen waren Lehrer, Ärzte oder Architekten. Wer in ein politisches Ehrenamt gewählt wurde und somit zu den Senatoren zählte, verdiente kein Geld mit seinen Aufgaben. Daher waren Senatoren immer Angehörige der Nobilität, der Oberschicht. Sie besaßen für gewöhnlich viel Land und konnten so ihren teuren Lebenswandel finanzieren.

abc

1. Stelle aus Kap. 7.1 alle Begriffe zusammen, die einen Beruf bezeichnen. Die Bilder und der Kommentar rechts neben dem Text helfen dir dabei. Nenne weitere dir bekannte Begriffe, die zum **Sachfeld „Beruf“** gehören.
2. Erschließe die Bedeutungen der folgenden Wörter durch die enthaltenen Bestandteile:

devitare (→ de + vitare) | pecuniosus, a, um (→ pecunia) | perennis, e (→ per + annus) | quietus, a, um (→ quiescere) | salubris, e (→ salus)

„…“

1. In den folgenden Gedichten kommt verstärkt der **Jussiv** (Konjunktiv im Hauptsatz) vor. Die Aufforderung erfolgt normalerweise an die **3. Person** (Sg. + Pl.). Übersetze:

43302-15

Filia discat!	Magister doceat!	Discipuli taceant!

In der Dichtung kann diese Aufforderung aber auch an die **2. Person** gerichtet sein. Übersetze:

Officia facias!	Ne mortem metuas!	Res bonas optes!

2. Ein **Konjunktiv im Nebensatz** steht meist dann, wenn der Nebensatz von einer Subjunktion eingeleitet wird, die den Konjunktiv erfordert (z. B. cum, ut). Er steht aber auch bei **indirekten Fragesätzen** und **Relativsätzen**, wenn diese einen Nebensinn beinhalten. In diesem Fall **muss** der Konjunktiv bei der Übersetzung berücksichtigt werden (kausale/konsekutive/finale Sinnrichtung). Schlage in einer **Schulgrammatik** nach, falls du weitere Erläuterungen benötigst. Unter dem oberen **QR-Code** findest du eine Anleitung dazu.
Übersetze folgende Sätze. Entscheide dabei jeweils, ob es sich um einen indirekten Fragesatz oder um einen Relativsatz handelt:

43302-09

Quaeris, cui donum tradas.	Dubitas, quid sis.	Quales res sunt, quae vitam beatiorem faciant?

7.1 Schwierige Berufswahl

Eine der wichtigsten Entscheidungen im Leben ist die, welchen Beruf man ausüben möchte. Schon im alten Rom war es nicht leicht, diese Entscheidung zu treffen …

1 Dum modo causidicum, dum te modo rhetora fingis
et non decernis, Laure, quid esse velis,
Peleos et Priami transit et Nestoris aetas
et fuerat serum iam tibi desinere.
Incipe, tres uno perierunt rhetores anno,
si quid habes animi, si quid in arte vales.
Si schola damnatur, fora litibus omnia fervent,
ipse potest fieri Marsya causidicus.
Heia age, rumpe moras! Quo te sperabimus usque?
Dum, quid sis, dubitas, iam potes esse nihil.

1 ! Dum modo fingis (tē) causidicum (esse), modo (fingis) tē rhētora (esse) …
causidicus der Anwalt
rhētor, ōris *(Akk. rhētora)* der Redner
2 Laurus männl. Eigenname
3 Pēleus *(Gen. Pēleos)*, Priamus, Nestor *vgl. Aufg. 3 a)*
7 schola die Schule
8 Marsya Gemeint ist die Marsyas-Statue, die auf dem Forum Romanum in der Nähe der Rednerbühne stand.
9 heia age auf geht's!
Quō … ūsque? wie lange noch?
10 ! Dum dubitās, quid sīs, iam nihil esse potes.

---

2 Cui tradas, Lupe, filium magistro,
quaeris sollicitus diu rogasque.
Omnes grammaticosque rhetorasque
devites moneo: Nihil sit illi
cum libris Ciceronis aut Maronis;
famae Tutilium suae relinquat!
Si versus facit, abdices poetam!
Artes discere vult pecuniosas?
Fac, discat citharoedus aut choraules.
Si duri puer ingeni videtur,
praeconem facias vel architectum!

1 ! quaeris … rogāsque, cui … magistrō …
Lupus männl. Eigenname
magister → LW 5.1
2 sollicitus = sollicitātus
3 grammaticus der Grammatiker
rhētor, ōris *m (Akk. Pl. rhētorās)* der Rhetoriker
4 dēvītāre → *abc*
! moneō, (ut) dēvītēs
6 Tutīlius ein bekannter Rhetoriker
7 abdicāre *(m. Akk.)* sich lossagen (von)
poēta → LW 4.1
8 pecūniōsus, a, um → *abc*
9 citharoedus gut bezahlter kaiserlicher Hofmusiker
choraulēs Chorleiter mit Flöte
10 ! Sī puer dūrī ingeni(ī) (esse) vidētur, …
11 praecō, ōnis der Ausrufer, der Herold
architectus der Architekt

1. a) Fertige von Epigramm 1 eine metrische Analyse an und isoliere hierbei Schlüsselwörter durch die Berücksichtigung etwaiger Zäsuren (→ S. 6 f.).
b) Gliedere das Epigramm in Sinnabschnitte.
2. Erläutere das Problem des Adressaten Laurus, das in Epigramm 1 aufgezeigt wird.
3. a) Recherchiere, was Peleus, Priamus und Nestor (Epigramm 1, V. 3) gemeinsam haben, und erkläre, weswegen Martial sie hier erwähnt.
b) Erläutere, welche Voraussetzungen die moderne Leserschaft mitbringen muss, um antike Gedichte verstehen zu können.
4. Gib eine treffende deutsche Übersetzung für rumpe moras (Epigramm 1, V. 9) an.
5. Fasse Epigramm 2 zusammen und stelle Vermutungen darüber an, warum Martial von einigen der genannten Berufe abrät.
6. Begründe, wodurch ersichtlich wird, dass in beiden Epigrammen die Adressaten wie der Erzähler der Nobilität angehören.

7.2 Dinge, die das Leben glücklicher machen

Was macht ein glückliches Leben aus? Diese Frage beschäftigt die Menschheit wahrscheinlich schon immer. Auch Martial hat hierzu einige Vorschläge …

1 Vitam quae faciant beatiorem,
iucundissime Martialis, haec sunt:
Res non parta labore sed relicta;
non ingratus ager, focus perennis;
lis numquam, toga rara, mens quieta;
vires ingenuae, salubre corpus;
prudens simplicitas, pares amici;
convictus facilis, sine arte mensa;
nox non ebria, sed soluta curis;
non tristis torus et tamen pudicus;
somnus, qui faciat breves tenebras:
Quod sis, esse velis nihilque malis;
summum nec metuas diem nec optes.

1/2 ! Haec sunt, quae vītam beātiōrem faciant: …
3 relictus, a, um *hier* vererbt
4 perennis, e → *abc*
5 līs → LW 7.1
toga *hier als Zeichen für öffentliche Auftritte*
quiētus, a, um → *abc*
6 ingenuus, a, um angeboren
salūbris, e → *abc*
7 simplicitās die Einfachheit, die Einfalt
8 convictus das Gastmahl
mēnsa der Tisch
9 ebrius, a, um betrunken
10 torus das Bett

2 Tristis es et felix. Sciat hoc Fortuna, caveto!
Ingratum dicet te, Lupe, si scierit.

1 ! Cavē(tō), (nē) … sciat!
2 Lupus männl. Eigenname
scīerit = scīverit

1. a) Fasst in Kleingruppen zusammen, welche Dinge laut Epigramm 1 das Leben glücklicher machen.
   b) Diskutiert, ob ihr der Ansicht zustimmt.
2. a) Untersuche mithilfe eines Wörterbuchs die Bedeutungsunterschiede zwischen beatus (Epigramm 1, V. 1) und felix (Epigramm 2, V. 1). (Tipp: Einen ähnlichen Unterschied gibt es im Englischen zwischen happy und lucky.)
   b) Erkläre dann die Pointe des Epigramms 2, indem du auch auf die vorliegende Antithese eingehst.
   c) Berücksichtige auch die Metrik von Epigramm 2: Nenne die Wörter, die einen besonderen Stellenwert einnehmen (→ S. 6 f.).
3. Begründe, welche Bedeutung für summum (Epigramm 1, V. 13) in diesem Kontext die sinnvollste ist.
4. Erläutere unter Einbezug deines Vorwissens und des INFO-Textes, welche Funktion die Göttin Fortuna in Epigramm 2 einnimmt.

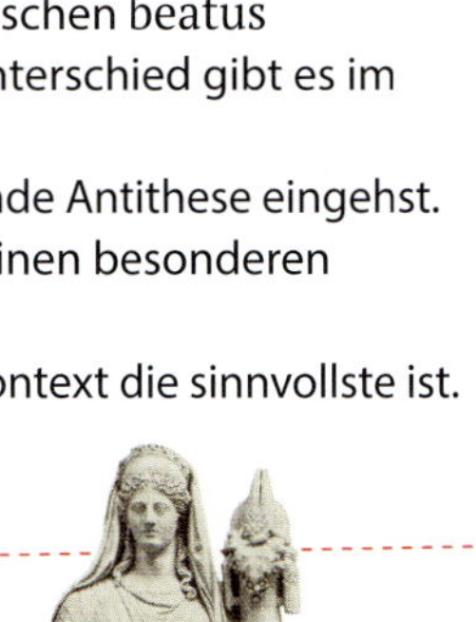

INFO GRUNDWISSEN Fortuna

Fortuna war bei den Römern die Schicksalsgöttin, sie bestimmte über Glück und Unglück der Menschen. Dargestellt wurde sie mit mehreren Attributen: Ein Ruder zeigt sie als Lenkerin des Schicksals, ein Füllhorn bezeichnet den Reichtum, den sie zu spenden in der Lage ist, und ein Rad deutet an, wie schnell sich das Glück zu drehen vermag.

Quid ad nos?

Generation Z

Die Frage nach Kriterien für ein erfülltes, glückliches Leben ist sehr alt. Somit war Martial bei weitem nicht der erste, der sich in seinen Gedichten mit dieser Fragestellung beschäftigt hat. In jeder Epoche und jeder Generation dominieren bei ihrer Beantwortung aber andere Schwerpunkte und Gesichtspunkte. Dies ist natürlich davon abhängig, wie die jeweiligen Lebensumstände sind.

1. a) Was macht für euch ein glückliches Leben aus? Nutzt den **QR-Code**, um in der Klasse eine Wortwolke zu erstellen. Diskutiert anschließend über eure Ergebnisse. (Hinweise zur Nutzung → **QR-Code** unten)

43302-14

b) Finden sich Übereinstimmungen mit Martials Vorstellungen? Vergleicht diese mit euren Ergebnissen.

Der Generation Z – zu der ihr gehört – wird Folgendes zugeschrieben:

Mitglieder der Gen Z gehören zu den *digital natives*: Sie sind […] von frühem Kindesalter an mit Smartphone, Tablet und Co. aufgewachsen. Für die digital sozialisierte Generation ist der Umgang mit der Online-Welt, Touchpads und anderen Technologien selbstverständlich. Forschern wie Klaus Hurrelmann zufolge sind sie es gewohnt, dass Dinge schnell funktionieren: Sie erwarten es, Arbeitsaufträge rasch abarbeiten zu können. Multitasking sei eher ihre Stärke als sich lange auf eine Aufgabe oder ein Projekt zu konzentrieren. […] Dem Jugendforscher Hurrelmann zufolge ist Geld für die jungen Erwachsenen nicht ausschlaggebend. Sie legen Wert auf Selbstverwirklichung und persönliche Entwicklung. Statt nach Karriere um jeden Preis streben Mitglieder dieser Generation nach einer Tätigkeit, die ihnen Freude bereitet. […] Studien weisen darauf hin, dass die Vereinbarkeit von Familie, Beruf und Hobbies für die Generation Z eine große Rolle spielt. […]

(Generation Z https://zvoove.com/was-ist/generation-z#)

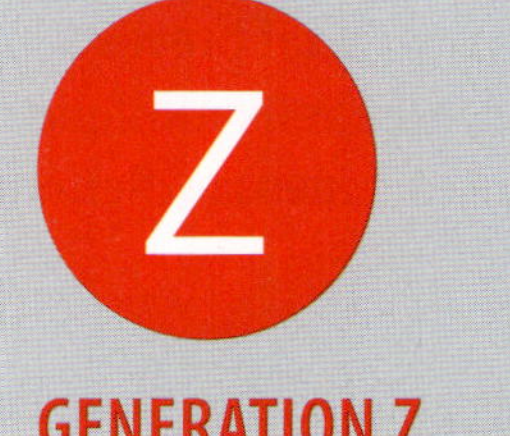

GENERATION Z

(Geburtsjahre 1996–2010)

WERTE

- Kreativität
- Nachhaltigkeit
- Sinnsuche

MERKMALE

- Smartphone ist der verlängerte Arm
- Wunsch nach Sicherheit
- Streben nach persönlicher Entfaltung

2. a) Stelle in einer Mindmap Kriterien zusammen, die ein Beruf für dich persönlich erfüllen muss.

b) Präsentiert eure Ergebnisse und vergleicht sie im Plenum.

c) Diskutiert, inwieweit sich eure Kriterien mit denen, die der Generation Z zugeschrieben werden, decken. Könnt ihr euch mit ihnen identifizieren? Wo gibt es Unterschiede?

d) Analysiert die Gedichte des Kapitels im Hinblick auf Martials Einstellung zur Arbeit und ob sich Parallelen zu den im Artikel beschriebenden Werten der Gen Z ziehen lassen.

3. Nehmt Stellung zu der These, dass ein glückliches Leben ohne Arbeit nicht möglich ist.

82000-500

8. Tempus fugit

– also nutze den Tag!

Das Leben ist kurz. Dieser Spruch galt insbesondere für die Antike, in der die durchschnittliche Lebenserwartung deutlich niedriger war als heutzutage: Man schätzt sie auf ca. 30 Jahre, wobei das Durchschnittsalter auch durch die hohe Kindersterblichkeit beeinflusst wurde. Die Mitglieder der Oberschicht, die keine Mangelernährung kannten, konnten aber durchaus das für damals stattliche Alter von 60 oder 70 Jahren erreichen. Nach dem Tod berichteten Inschriften an den Gräbern, die entlang der Fernstraßen angelegt waren, teilweise auf humoristische Art und Weise über das im Leben Erreichte (s. Gattung Epigramm → S. 5). Man musste also – wie heute auch – darauf bedacht sein, das Leben zu nutzen.

Die Via Appia am südlichen Stadtrand von Rom. In der Antike durften Verstorbene nur außerhalb von bewohnten Gebieten bestattet werden.

Erschließe anhand des Textes und des Bildes, weshalb die Toten damals entlang der Fernstraßen bestattet wurden.

1. Wiederhole mithilfe einer Schulgrammatik den **verschränkten Relativsatz**. Übersetze dann als Vorbereitung auf die lateinischen Texte die folgenden Sätze.

43302-10

Mulier credidit *iuvenem* senem *esse*.	Iuvenis mortuus est, *quem* mulier credidit senem *esse*.

Weitere digitale Übungsmöglichkeiten findest du unter dem QR-Code.

2. Der **Prohibitiv** (verneinter Imperativ) kann auf zwei Arten gebildet werden. Übersetze die folgenden Wendungen. Du kannst deine Grammatik als Unterstützung verwenden.

Ne praeterieris/praeterieritis!	Noli / Nolite praeterire!

! Martial benutzt vor allem die zweite Variante.

1. Mit **Wortwiederholungen** möchte der Dichter ihm wichtige Dinge hervorheben. Er nutzt sie ganz bewusst, um die Dringlichkeit seines Anliegens zu unterstreichen.
   a) Stelle aus den Epigrammen von 8.1 sich wiederholende Wörter bzw. Wortgruppen zusammen.
   b) Erkläre auf dieser Grundlage, worauf es Martial im jeweiligen Epigramm ankommt.
2. Fertige von den Gedichten 1 und 2 von 8.2 jeweils eine **Prosafassung** an.

8.1 Morgen, morgen, nur nicht heute …

Menschen malen sich ihre Zukunft aus und überlegen, wie ihr Leben wäre, wenn sie dieses oder jenes Ziel erreicht hätten. Dabei darf nicht vergessen werden, die Pläne und Vorhaben auch anzugehen – denn das Leben ist endlich …

1 Cras te victurum, cras dicis, Postume, semper.
Dic mihi, „cras“ istud, Postume, quando venit?
Quam longe „cras“ istud, ubi est? Aut unde petendum?
Numquid apud Parthos Armeniosque latet?
Iam „cras“ istud habet Priami vel Nestoris annos.
„Cras“ istud quanti, dic mihi, posset emi?
Cras vives? Hodie iam vivere, Postume, serum est:
Ille sapit, quisquis, Postume, vixit heri.

1 ! tē victūrum (esse)
Postumus männl. Eigenname
3 ! petendum (est)
4 numquid ~ num
Parthī/Armeniī entlegene Volksstämme an der östlichen Reichsgrenze
5 Priamus/Nestor → Kap. 7
8 ! quisquis ~ quī

---

2 Saepe rogare soles, qualis sim, Prisce, futurus,
si fiam locuples simque repente potens.
Quemquam posse putas mores narrare futuros?
Dic mihi, si fias tu leo, qualis eris?

1 Prīscus männl. Eigenname

---

3 Semper pauper eris, si pauper es, Aemiliane.
Dantur opes nullis nunc nisi divitibus.

1 Aemiliānus männl. Eigenname

1. Teilt euch in zwei Gruppen auf (1; 2 + 3).
   a) Fertigt eine metrische Analyse des/der jeweiligen Epigramms/Epigramme an (→ S. 6 f.).
   b) Entwickelt jeweils passende Überschriften.
   c) Fasst die zentrale Aussage des/der jeweiligen Epigramms/Epigramme zusammen und präsentiert eure Ergebnisse.
2. Fortuna (→ Kapitel 7) wird in den Epigrammen dieser Seite nicht explizit genannt. Erkläre, welche Rolle sie dort dennoch einnimmt.
3. Betrachte die mittelalterliche Fortuna-Darstellung und erläutere, inwiefern sie mit den Beschreibungen von Martial übereinstimmt. Recherchiert z. B. weitere Attribute und Darstellungen der Göttin.
4. Erstellt in eurer Gruppe ein Podcast-Interview oder einen Wiki-Artikel, in welchem ihr die Göttin Fortuna vorstellt.
5. Martial benutzt bekanntlich keine echten Namen in seinen Gedichten (→ S. 10). Dennoch sind sie „sprechend“ und tragen oft zur Pointe des Gedichts bei. Erkläre mithilfe eines Wörterbuchs, inwiefern Postumus (1) und Priscus (2) sprechende Namen sind.

Fortuna und das Rad des Lebens. Mittelalterliche Darstellung.

8.2 Sit tibi terra levis!

Ganz in der ursprünglichen Tradition der Epigramme (→ S.5) verfasste Martial auch einige fiktive Grabinschriften.

Quisquis Flaminiam teris, viator,
noli nobile praeterire marmor.
Urbis deliciae salesque Nili,
ars et gratia, lusus et voluptas,
Romani decus et dolor theatri
atque omnes Veneres Cupidinesque
hoc sunt condita, quo Paris, sepulchro.

1 ! Quisquis ... viātor
! Flāminiam (viam)
terere oft betreten
viātor → via
2 marmor *n* der (Grab-)Stein aus Marmor
3 sāl, salis *(meist Pl.)* der Witz, der Humor
Nīlus der Nil (der Mimus soll in Ägypten entstanden sein)
5 theātrum das Theater
6 Venerēs Cupīdinēsque Göttinnen und Götter der Liebe
7 Paris ein berühmter Pantomime
sepulchrum das Grabmal

Ille ego sum Scorpus, clamosi gloria Circi,
plausus, Roma, tui deliciaeque breves,
invida quem Lachesis raptum trieteride nona,
dum numerat palmas, credidit esse senem.

1 Scorpus männl. Eigenname
clāmōsus, a, um von Geschrei erfüllt
! Circī (Maximī)
2 plausus, ūs *m* Gegenstand des Beifalls
3 invidus, a, um neidisch
Lachesis weibl. Eigenname (eine der drei Parzen, die den Lebensfaden woben)
trietēride nōnā im 9. Triennium (= nach 27 Jahren)
4 palma der Siegespreis

Heredes, nolite brevem sepelire colonum:
Nam terra est illi quantulacumque gravis.

1 hērēs, hērēdis der Erbe, die Erbin
colōnus der Bauer
2 quantuluscumque wie klein auch immer

1. a) Charakterisiere den Pantomimen Paris mithilfe der beschreibenden Substantive aus Epigramm 1.
   b) Es gibt Behauptungen, Paris hätte eine Liebesbeziehung mit der Frau von Kaiser Domitian gehabt, worauf dieser ihn töten ließ. Erkläre, inwiefern diese Information dem Gedicht erst einen gewissen Witz verleiht.
2. a) Erkläre anhand des Textes, wieso Scorpus (Epigramm 2) ein sehr erfolgreicher Wagenlenker gewesen sein muss.
   b) Erläutere, was Martial der Lachesis in Epigramm 2 vorwirft.
3. a) Übersetze den häufig auf Grabmälern befindlichen Satz Sit tibi terra levis (→ Inschrift).
   b) Erkläre vor diesem Hintergrund die Pointe von Epigramm 3.
4. Arbeite heraus, worin sich moderne und antike Grabsteine unterscheiden.

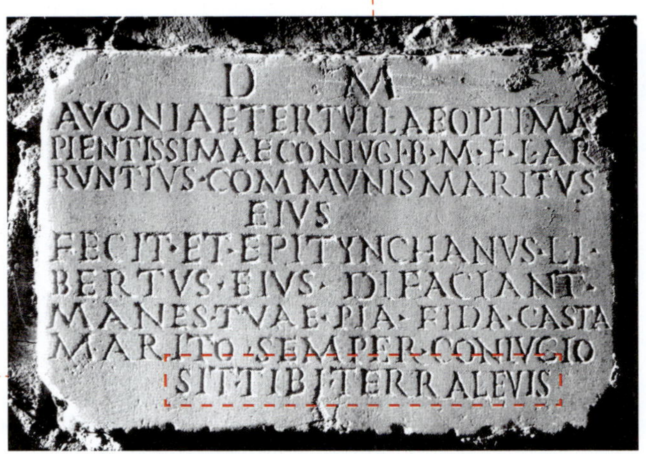

Grabinschrift für Avonia Tertulla, Grabstein aus der Via Nomentana, Rom.

Quid ad nos?

Aufgeschoben ist nicht aufgehoben?

Schon Martial hat seinen Mitmenschen vorgeworfen, zu lange auf die wichtigen Dinge gewartet zu haben – es kann schließlich irgendwann zu spät sein. Beschäftigt man sich mit der Frage, ob man im Leben alles erreicht hat, stellt man vielleicht fest, dass man manchmal zu viel Zeit hat verstreichen lassen. Du kennst das vielleicht: Du schiebst notwendige Aufgaben auf? Erledigst sie erst auf den letzten Drücker? Stellst dein Referat erst kurz vor dem Termin fertig? Dafür gibt es einen Fachbegriff: Prokrastination.

Im Wort Prokrastination stecken die lateinischen Wörter pro und cras. Es bedeutet also wörtlich das Aufschieben auf morgen. Von Prokrastination sind vor allem Menschen betroffen, die ihre Arbeit frei einteilen können, wie z. B. Studierende. Da bleiben schon mal wichtige und dringliche To-dos auf der Strecke. Das Phänomen, etwas aufzuschieben, kennen aber fast alle Menschen: Es ist auch durchaus sinnvoll, je nach Dringlichkeit zu entscheiden, und weniger wichtige Dinge erst später zu erledigen – denn Zeit ist kostbar.

1. Erkläre anhand von Text und Cartoon, was das Widersprüchliche an Prokrastination ist.

2. a) Stellt in Zweiergruppen Aufgaben zusammen, die ihr häufig auf später verschiebt.

b) Entwickelt gemeinsam Lösungsstrategien, die euch dabei helfen könnten, diese Aufgaben nicht immer auf den „letzten Drücker" zu erledigen.

c) Überprüft, ob ihr auch positive Aspekte am Hinauszögern von Dingen, die erledigt werden müssen, seht. Sammelt und diskutiert diese im Plenum.

3. a) Erfasse die Kernaussage des Gedichts.

b) Vergleiche sie mit Martials Sichtweise. Nenne Gemeinsamkeiten und Unterschiede.

c) Diskutiert im Plenum, inwieweit ihr der Sichtweise der Autoren zustimmt.

Christian Felix Weiße (1726–1804)

Der Aufschub

Morgen, morgen! Nur nicht heute!
Sprechen immer träge Leute.
Morgen! Heute will ich ruhn!
Morgen jene Lehre fassen,
Morgen diesen Fehler lassen,
Morgen dies und jenes tun!

Und warum nicht heute? Morgen
Kannst du für was anders sorgen!
Jeder Tag hat seine Pflicht.
Was geschehn ist, ist geschehen;
Dies nur kann ich übersehen.
Was geschehn kann, weiß ich nicht.

[…] Jeder Tag, ist er vergebens,
ist im Buche meines Lebens
nichts, ein unbeschrieb'nes Blatt!
Wohl denn! Morgen so wie heute
steh' darin auf jeder Seite
von mir eine gute Tat.

Kompetenz-CHECK

43302-11

Übersetzungsvergleich

Das Übersetzen eines lateinischen Textes bedeutet auch immer, ihn zu interpretieren. Denn man muss den Kontext, in dem der Autor sein Werk verfasst hat, mitberücksichtigen. Unterschiedliche Übersetzungen helfen dabei, verschiedene Aspekte herauszuarbeiten und dem lateinischen Original näher zu kommen:

Tongilianus habet nasum. Scio, non nego. Sed iam
nil praeter nasum Tongilianus habet.

Tongilianus hat eine Nase: ich weiß, ich leugne es nicht. Doch inzwischen hat Tongilianus nur noch seine Nase. *(Übersetzung: P. Barié / W. Schindler)*

Tongilianus hat eine Nase. Das weiß ich und leugne es nicht.
Aber außer einer Nase hat Tongilianus nichts mehr. *(Übersetzung: J. Loy)*

Tongilianus besitzt ein feines Näschen, ich weiß es.
Aber die Nas' ist jetzt Alles, was noch er besitzt. *(Übersetzung: A. Berg)*

1. Vergleiche die Übersetzungen untereinander und mit dem lateinischen Original. Achte dabei auf folgende Aspekte:

äußere Form:
- Metrische Übersetzung oder Prosa?
- Ergänzungen oder Auslassungen?

Satzbau:
- Ist die Wortstellung übernommen oder verändert worden? Weshalb?

Wortwahl:
- Ist die Wortwahl vom lateinischen Text übernommen?
- Verändert der Übersetzer Bedeutungen?

Stilistik:
- Übernimmt der Übersetzer stilistische Merkmale?
- Verändert er diese?
- Fügt er welche hinzu?

Aussage:
- Weicht der Übersetzer inhaltlich vom Original ab?
- Überträgt er den Inhalt in eine andere Zeit (z. B. heute)?
- Zielsprache (Deutsch) oder Ausgangssprache (Lateinisch) im Fokus?

2. Beurteile abschließend,
a) ob Abweichungen vom Original gerechtfertigt sind.
b) ob der Ton des Originals getroffen ist.

Rezeption und Kreation

Mit großer Berechtigung darf Martial als der „Klassiker des Epigramms" gerühmt werden: Denn es war dieser Spanier, der bewirkte, dass das Epigramm nicht mehr „Aufschrift", sondern „Spottepigramm" bedeutet. Seine dichterische Strahlkraft wirkte noch zu seinen Lebzeiten, z. B. auf den Satiriker Juvenal, und reichte weiter über das Mittelalter und die Renaissance, die etwa mit John Owen einen bemerkenswerten neulateinischen Epigrammatiker hervorbrachte, bis in Dichtungen aller europäischen Länder. Für den deutschsprachigen Raum sind neben Gotthold Ephraim Lessing auch Friedrich Schiller und Johann Wolfgang von Goethe zu nennen.
(vgl. Michael von Albrecht: Geschichte der römischen Literatur, Band 2, München 1997, S. 834)

Literatur

John Owen, ein Zeitgenosse Shakespeares, verfasste folgendes Epigramm (3,114) zur Thematik der verbleibenden Lebenszeit (vgl. S. 37 ff.):

Ad Ponticum
Saepe rogas „Quot habes annos?" Respondeo „Nullos."
  Quomodo? Quos habui, Pontice, non habeo.

An Ponticus
Oft fragst du „Wie viele Jahre hast du noch?" Ich antworte „Keine."
  Wie kann das sein? Was ich an Jahren hatte, Ponticus, habe ich nicht mehr.

Weise an diesem Gedicht nach, wie John Owen die Pointentechnik Martials umsetzt.

Auf eine lange Nase

O aller Nasen Nas'!
Ich wollte schwören,
Das Ohr kann sie nicht
schnauben hören.
(Gotthold Ephraim Lessing)

1. Lessing verstand sich selbst als Kritiker. Recherchiere zu seinem Wirken und stelle Vermutungen an, weshalb er sich Martials Epigramme als Vorbild nahm.
2. Er bezeichnet seine von Martial inspirierten Epigramme als „Sinngedichte". Begründe, ob du den Namen für passend hältst.
3. Beschreibe, wie Martials ursprüngliches Gedicht bei Lessing und in der Karikatur rezipiert wurde.
4. Recherchiere zur Person Gotthold Ephraim Lessing und halte die Informationen in einem (digitalen) Steckbrief fest.

Karikatur

Die nebenstehende moderne Karikatur setzt Martials Spott bzw. Kritik bildlich um, indem sie das Epigramm 1 auf S. 22 reflektiert:

Sunt quidam, qui me dicant non esse poetam:
Sed, qui me vendit, bibliopola putat.

1. Beschreibe die Karikatur und gehe dabei auch auf die Sprechblase und die Slogans im Hintergrund ein.
2. Begründe, ob Martials Aussageabsicht besser im Epigramm oder in der Karikatur vermittelt wird.
3. Wählt ein Epigramm dieser Lektüreausgabe aus und erstellt selbst eine Karikatur. Eventuell ergibt sich hieraus sogar ein kooperatives Klassenprojekt zusammen mit dem Fach Kunst.

Epigrammataria/Epigrammatarius

Verfasse selbst ein deutsches zwei- oder vierzeiliges Epigramm mit Hilfe folgender Schritte:

1. Wähle ein aktuelles Thema aus, anhand dessen du Spott, Witz oder Kritik vermitteln willst.
2. Zäume das Pferd von hinten auf: Überlege dir eine überraschende oder doppeldeutige Pointe!
3. Gestalte nun gedanklich die Erwartungshaltung aus, die du zu Beginn des Gedichts aufbauen willst. Mache dir erste Notizen.
4. Formuliere dein Epigramm aus.
5. Habe den Mut, das Gedicht sogar auf Latein zu formulieren! Dein/e Lateinlehrer/in hilft dir bestimmt dabei! Zum Spaß kannst du auch mit einem Internet-Translater oder einem KI-Chatbot etwas herumprobieren – und dabei feststellen, dass Computer Grenzen beim Übersetzen ins Lateinische haben!

Kaleidoskop der Kaiserzeit

Dieses Bild kennst du bereits vom Cover des Heftes. Du hast in den einzelnen Kapiteln unterschiedliche Facetten und Personengruppen der römischen Gesellschaft in der Kaiserzeit kennengelernt, welche auch auf diesem Bild zu finden sind.

Wähle Personen auf dem Bild aus und notiere dir zu ihnen passende Sprech- bzw. Gedankenblasen in dein Heft. Alternativ kannst du auch den **QR-Code** benutzen, um deine Ergebnisse digital festzuhalten.

43302-18

Epigramme interpretieren

In allen literarischen Werken bemühen sich Autorinnen und Autoren darum, den jeweiligen **Inhalt** durch **sprachlich-stilistische Aspekte** zu akzentuieren. Der besondere Reiz der Gattung Lyrik liegt nun darin, dass dieses Zusammenspiel auf sehr engem Raum hergestellt wird: Man ist fast geneigt zu sagen, dass Dichtung sprachlich-stilistisch äußerst „verdichtet" ist. Hinzu kommen die Möglichkeiten des jeweils verwendeten Versmaßes, um weitere inhaltliche Akzente zu setzen.

Um die Gedichte Martials vertiefter verstehen zu können, soll im Folgenden ein Leitfaden zur Interpretation gegeben werden. Sicherlich lassen sich nicht alle vorgeschlagenen Schritte gleichermaßen auf jedes Epigramm anwenden; mitunter kann es auch ratsam sein, die Reihenfolge (etwa Schritt 3 und Schritt 4) zu verändern.

Schritt 1: Textübersetzung

Obwohl man meinen könnte, dass Martial-Epigramme durch ihre Kürze scheinbar leichter zu übersetzen sind, kann dieser Eindruck doch täuschen: Die lyrische Anlage der Sätze (Hyperbaton, Versmaß) durchbricht die im Lateinischen ohnehin schon freie Satzstellung oft noch stärker. Deswegen sind folgende vorerschließende Schritte nach dem ersten Lesen des gesamten Gedichts sehr empfehlenswert:

a) **Erkennen von dominanten Wort- oder Sachfeldern bzw. Schlüsselwörtern** (eventuell schon hier unterstützt durch die metrische Analyse und Setzung von Zäsuren; vgl. S. 7)
b) **Visualisieren von Haupt- und Nebensätzen, Konnektoren, satzwertigen Konstruktionen** (etwa AcI, Abl. abs., Pc, nd-Formen) sowie von Subjekten und Prädikaten (wichtig: **Erkennen** von Tempus und Modus)

→ Hier kannst du auf schon bekannte Methoden aus der Lehrwerksphase oder deinem bisherigen Lektüreunterricht zurückgreifen!
Diese Vorarbeiten erleichtern dir das eigentliche **Übersetzen**, das sich hieran anschließt.

Schritt 2: Paraphrase, Gliederung Pointentechnik

Anschließend ist es sinnvoll, das übersetze Gedicht nochmals mit deinen eigenen Worten wiederzugeben, es also zu **paraphrasieren**. Häufig bietet es sich hierbei gleichzeitig an, den Inhalt des Epigramms zu **gliedern** sowie zu **analysieren**, ob und wie Martial im jeweils vorliegenden Gedicht das Wechselspiel von *Erwartung* und *Aufschluss* einsetzt bzw. seine Pointentechnik (vgl. S. 8) ausgestaltet. Das Finden einer passgenauen Überschrift für das Epigramm rundet diese Arbeitsphase ab.

Schritt 3: Sprache und Stil

Interpretationen lateinischer Texte leiden häufig darunter, dass zunächst Ausschau nach sprachlichen und stilistischen Aspekten gehalten und erst dann versucht wird, diese mit dem Inhalt zu verknüpfen. Es ist weitaus empfehlenswerter, den umgekehrten Weg zu gehen: **Benenne zuerst inhaltliche Kernaspekte und analysiere dann, wie auffällige sprachliche und stilistische Mittel zur Verdeutlichung der jeweiligen Aussage beitragen.** Hierzu zählen:

- Stilmittel (vgl. S. 45 f.)
- Wortwahl
- Satzbau
- Dichtersprache

Schritt 4: Metrische Analyse

Auch die **metrische Analyse** (vgl. S. 6 f.) der Epigramme kann dir nützliche Hilfestellungen zur Interpretation geben. Durch den verstärkten bzw. wechselnden Einsatz von Daktylen und Spondeen kann der Textfluss beschleunigt oder verlangsamt werden. Die Zäsuren betonen häufig Schlüsselwörter.

Schritt 5: Verortung im geschichtlich-sozialen Kontext, in der Literatur- bzw. Gattungsgeschichte und in der Autorenbiografie

Benenne relevante historische, literaturgeschichtliche oder gattungsspezifische Aspekte bzw. Fakten aus der Biografie des Autors und stelle Bezüge für deine Textdeutung her.

Schritt 6: Synthese

Die bisherigen Schritte wirst du teils mündlich erledigt oder als Notizen festgehalten haben. Verfasse nun einen schriftlichen Fließtext (keine Spiegelstrichauflistungen), in dem du die obigen Erkenntnisse möglichst überzeugend verknüpfst.

GRUNDWISSEN Stilmittel

Alliteration
Wiederholung des Anlauts bei aufeinanderfolgenden Wörtern

non **t**ristis **t**orus et **t**amen pudicus (7.2, 1, V. 10)

Anapher
Beginn aufeinanderfolgender Sätze oder Satzteile mit dem gleichen Wort

Nec vocat ad cenam Marius, **nec** munera mittit,
nec spondet, **nec** volt credere, sed nec habet. (3.1, 1, V. 1 f.)

Antithese
Gegenüberstellung gegensätzlicher Begriffe oder Gedanken

Tristis es et **felix**. (7.2, 2, V. 1)

Apostrophe
Anrede an eine abwesende Person oder ein imaginäres Objekt

Qualem, **Flacce**, velim, quaeris, nolimque puellam? (6.1, 3, V. 1)

Asyndeton
Unverbundene, nur durch Kommata getrennte Aneinanderreihung von Wörtern oder Satzteilen

non ingratus ager**,** focus perennis**;**
lis numquam**,** toga rara**,** mens quieta**;**
vires ingenuae**,** salubre corpus [...] (7.2, 1, V. 4–6)

Chiasmus
Über-Kreuz-Anordnung einander entsprechender Wörter oder Wortgruppen

Homo certus,
fidus amicus. (2.2, 1, V. 9)

Insequeris, fugio;
fugis, insequor. (6.1, 1, V. 1)

Ellipse
Auslassung eines sinngemäß zu ergänzenden Wortes (meist das Hilfsverb esse)

Aut unde petendum [est]? (8.1, 1, V. 3)

Enjambement
„Zeilensprung": Ein Satz geht über einen Vers hinaus

Quisquis Flaminiam teris, viator,
noli nobile praeterire marmor. (8.2, 1, V. 1 f.)

Hyperbaton
Trennung zusammengehörender Wörter durch einen Einschub

Turba tamen non dest, **sterilem** quae curet **amicum**. (3.1, 1, V. 3)

Hyperbel
Hervorhebung einer Aussage durch Übertreibung

Septima iam, Phileros, tibi conditur uxor in agro. (2.2, 2, V. 1)

Ironie
Erzählhaltung mit feinem, verstecktem Spott, die oft das Gegenteil von dem, was gesagt wird, meint

Sic formosa, Fabulla, sic puella es. (1.1, 4, V. 5)

Klimax
Inhaltliche Steigerung innerhalb einer Wort-/Satzfolge

miraris quererisque litigasque (3.1, 3, V. 3)

Litotes
Verstärkung einer Aussage durch Verneinung des Gegenteils

me [...] esse **non negavi** (4.1, 5, V. 8)

Metapher
Übertragung eines Ausdrucks in ein gleichnishaftes Bild

corvus (Rabe, schwarz → Jugend)

cycnus (Schwan, weiß → Alter) (6.2, 2, V. 2)

Parallelismus
Gleiche Abfolge von aufeinanderfolgenden Wortgruppen oder Satzgliedern

Nec volo, quod cruciat,
nec volo, quod satiat. (6.1, 3, V. 4)

Personifikation
Darstellung von Gegenständen oder abstrakten Begriffen als handelnde Personen

Sciat hoc **Fortuna** caveto! (7.2, 2, V. 1)

Polyptoton
Wiederholung desselben Wortes in veränderter Form oder verschiedener Flexion

Cantas: **Canto**. **Bibis**, Pontiliane: **Bibo**. (3.1, 2, V. 2)

Polysyndeton
Vielfachverbindung mehrerer Satzglieder oder Wortgruppen durch Konjunktionen

Qui **nec** leno potes **nec** comissator haberi
nec pavidos tristi voce citare reos
nec potes uxores cari corrumpere amici
nec potes algentes arrigere ad vetulas,
vendere **nec** vanos circa Palatia fumos,
plaudere **nec** Cano, plaudere **nec**
Glaphyro: (2.2, 1, V. 3 – 8)

Repetitio
Wiederholung einzelner Satzglieder

Cras te victurum, **cras** dicis, Postume, semper.
Dic mihi, „**cras**“ istud, Postume, quando
venit? Quam longe „**cras**“ istud, ubi est?
(8.1, 1, V. 1 – 3)

Rhetorische Frage
Formulierung einer offensichtlichen Aussage als Frage (Scheinfrage)

Cras vives? (8.1, 1, V. 7)

Synekdoche
Ersetzung eines Begriffs durch einen Begriff aus demselben Begriffsfeld durch etwas Kleineres (pars pro toto) oder durch etwas Größeres (totum pro parte)

noli nobile praeterire **marmor**. (8.2, 1, V. 2)
(→ marmor hier als pars pro toto für „Grabstein“)

Trikolon
Aufzählung oder Satzgefüge, das aus drei Teilen besteht

Has ducis [...] per **convivia, porticus, theatra**. (1.1, 4, V. 3 f.)

Lernwortschatz

1.1 Spott über Äußerlichkeiten

meminisse, meminī	*(m. Gen./Akk.)* sich erinnern an; *(m. AcI)* daran denken	memory
dēns, dentis *m*	der Zahn	dentist
sēcūrus, a, um	sicher, sorglos	→ cūra security
tōtus, a, um *(Gen.* tōtīus, *Dat.* tōtī*)*	ganz	total total
bāsium	der Kuss	baiser beso
alius, a, ud *(Gen.* alterīus, *Dat.* alterī*)*	ein anderer	else
alius … alius	der eine … der andere	
mālle, mālō, māluī	lieber wollen	→ magis + velle
niger, nigra, nigrum	schwarz, dunkel	nero negro
niveus, a, um	weiß	
ratiō, ōnis *f*	der Grund, die Vernunft, die Überlegung; die Art und Weise; die Berechnung	rational reason
fōrmōsus, a, um	schön	→ fōrma

1.2 Erfolgreich im Job?

nunc *Adv.*	jetzt, nun	now
ante *Adv.*	vorher	avant *(zeitl.)* antes
medicus	der Arzt	Medizin(er)
nūper *Adv.*	neulich, vor kurzem	
pauper, pauperis	arm	poor pauvre
causās agere	Prozesse führen	
cōnsūmere, cōnsūmō, cōnsūmpsī, cōnsūmptum	verbrauchen, verwenden	Konsum to consume
callidus, a, um	schlau	

2.1 Rom – eine Stadt im Wandel

auferre, auferō, abstulī, ablātum	rauben, wegbringen	Ablativ
urbs, urbis *f*	die Stadt, die Hauptstadt	urban urban
nūllus, a, um *(Gen.* nūllīus, *Dat.* nūllī*)*	kein	Null, annullieren
līmen, inis *n*	die Schwelle (trennt den Geschäftsraum vom öffentlichen Raum)	preliminary
iubēre, iubeō, iussī, iussum *(m. Akk.)*	anordnen, befehlen	Jussiv
tenuis, e	eng, schmal; fein, dünn	
vīcus	das Dorf, die Gasse	
via	der Weg, die Straße	Viadukt via
dēnsus, a, um	dicht (gedrängt)	dense, density
domus, ūs *f*	das Haus	Domizil duomo
incendere, incendō, incendī, incēnsum	entflammen, in Brand stecken	incense

2.2 Rom – mehr Schein als Sein?

pectus, oris *n*	die Brust, das Herz	pectoral
petere, petō, petīvī, petītum	(auf)suchen, (er)streben, bitten, verlangen	Petition pedir

nec/neque	und nicht, auch nicht, nicht einmal	
nec … nec	weder … noch	
reus	der Angeklagte	
amīcus	der Freund, der politische Anhänger	ami amigo
plaudere, plaudō, plausī, plausum	Beifall klatschen	Applaus applaud
vīvere, vīvō, vīxī, vīctūrum	leben	vivere
fīdus, a, um	treu, zuverlässig	→ fidēs

3.1 Patroni und ihre Partys

mūnus, mūneris *n*	die Aufgabe; das Geschenk	
mentīrī, mentior, mentītus sum	lügen; vorspielen, vorgeben (zu sein)	dementieren mentire
cantāre	singen, dichten	Kantate cantar
lūdere, lūdō, lūsī, lūsum *(m. Abl.)*	(mit etw. / etw.) spielen	Illusion
morī, morior, mortuus sum	sterben	mourir, mort(e)
mīrārī, mīror, mīrātus sum	bewundern, sich wundern	to admire
querī, queror, questus sum *(m. Akk.)*	klagen, sich beklagen (über)	Querele, Querulant

3.2 Bunte Festgesellschaft

domī	zu Hause; in der Heimat	→ domus
quotiēns	wie oft; sooft wie; jedesmal, wenn	Quotient
nōbilis, e	adelig, berühmt, vornehm	nobel nobile
lūmen, inis *n*	das Licht, das Auge	lumière
bibere, bibō, bibī	trinken	boire beber
valēre	Einfluss haben, gesund sein, stark sein	In-valide
miscēre	mischen, verwirren	Mixtur to mix
crēber, crēbra, crēbrum	häufig, zahlreich	
venēnum	das Gift	venin

4.1 Eine Frage der literarischen Qualität … und des Profits!

quīdam, quaedam, quiddam *subst.*	ein gewisser, irgendeiner; *Pl.* einige	
poēta, ae *m*	der Dichter	Poesie poet
vendere, vendō, vendidī, venditum	verkaufen	vendre
exigere, exigō, exēgī, exāctum	(ein)fordern, vollenden	exakt
libellus	das kleine Buch, das Heft	libro
legere, legō, lēgī, lēctum	lesen; auswählen	Lektüre, Lektor, Legende
mittere, mittō, mīsī, missum	(los)lassen, schicken, werfen	Mission
liber, librī *m*	das Buch	livre
īnspicere, īnspiciō, īnspexī, īnspectum	ansehen, betrachten, mustern	Inspektion
iocus	der Scherz, der Spaß	joke
accidere, accidō, accidī	geschehen, sich ereignen	accident

4.2 Poeta nascitur … aut fur fit!

fāma refert *m. AcI*	es geht das Gerücht, dass	
recitāre	vorlesen, vortragen	to recite
dīcere, dīcō, dīxī, dictum	sagen, sprechen	dire

dīcere *m. dopp. Akk.*	(be)nennen	
grātīs *Adv.*	kostenlos	gratis
carmen, inis *n*	das Gedicht, das Lied	
emere, emō, ēmī, ēmptum	kaufen	
vocāre	(be)nennen, rufen	→ vōx
impōnere, impōnō, imposuī, impositum	auferlegen, einsetzen	to impose
pudor, ōris *m*	das Schamgefühl; der Anstand	pudor

5.1 Titus – tierische Kaiserverehrung

pius, a, um	fromm, gerecht, pflichtbewusst	pieux pio
supplex, supplicis	demütig bittend	→ supplicium
adōrāre	verehren, anbeten	adorable
magister, trī *m*	der Lehrer	Meister maître

5.2 Domitian – ein echter Allrounder

prīnceps, prīncipis *m*	der Erste, der führende Mann	Prinz prince
tot *indekl.*	so viele	
dēbēre	müssen, sollen; schulden	deber
nāscī, nāscor, nātus sum	entstehen, geboren werden	→ nātūra

6.1 Tecum aut sine te – römisches Gefühlschaos?

īnsequī, īnsequor, īnsecūtus sum	unmittelbar folgen, verfolgen	to ensue
fugere, fugiō, fūgī *m. Akk.*	fliehen (vor), meiden	Refugium refugee
velle, volō, voluī	wollen	Volontär
nōlle, nōlō, nōluī	nicht wollen	→ nōn + velle
difficilis, e	schwierig	difficult
facilis, e	leicht (zu tun)	→ facere
quālis, e	wie (beschaffen)	Qualität quality
nimis/nimium *Adv.*	(all)zu, (all)zu sehr	
satiāre	sättigen; langweilen	→ satis
negāre	leugnen, verneinen, verweigern	negativ negar

6.2 Potius sine te!

nūbere, nūbō, nūpsī, nūptum *m. Dat.*	heiraten (wenn eine Frau heiratet)	
capillus	das Haar	capelli cabello
modo *Adv.*	nur; eben (noch)	
fallere, fallō, fefellī	täuschen, betrügen	
caput, capitis *n*	die Hauptstadt; der Kopf	Kapitän capital
tenebrae, ārum *f Pl.*	die Dunkelheit, die Finsternis	ténèbres
āmittere, āmittō, āmīsī, āmissum	aufgeben, verlieren	
pudet, puduit	es beschämt	→ pudor

7.1 Schwierige Berufswahl

fingere, fingō, fīnxī, fictum	gestalten, sich (etw.) ausdenken	fiction
dēcernere, dēcernō, dēcrēvī, dēcrētum	beschließen, entscheiden	Dekret
līs, lītis *f*	der Streit, der Prozess	litigation
fervēre, ferveō, ferbuī	kochen, glühen, hitzig betrieben werden	fervent fervido

Latein	Deutsch	Verwandte Wörter
rumpere, rumpō, rūpī, ruptum	zerbrechen	abrupt, Eruption
mora	der Aufenthalt, die Verzögerung	
trādere, trādō, trādidī, trāditum	übergeben, überliefern	tradition
relinquere, relinquō, relīquī, relictum	überlassen; unbeachtet lassen, verlassen, zurücklassen	Relikt relicto
versus, ūs *m*	der Vers	verse
discere, discō, didicī	lernen, erfahren	
ingenium	die Begabung, das Talent	ingenious

7.2 Dinge, die das Leben glücklicher machen

Latein	Deutsch	Verwandte Wörter
parere, pariō, peperī, partum	zur Welt bringen; schaffen	parir
ingrātus, a, um	unangenehm, lästig; undankbar	→ in + grātus ingrat
focus	der Herd, das Feuer	Fokus focal
rārus, a, um	selten, vereinzelt	Rarität rare
prūdēns, prūdentis	kundig, in etw. erfahren	prudent
pār, paris	gleich, ebenbürtig	Paar pair
solvere, solvō, solvī, solūtum	lösen, auflösen, bezahlen	solvent
cūra	die Pflege, die Sorge	Kur → sēcūrus
pudīcus, a, um	schamhaft, sittsam, keusch	→ pudor

8.1 Morgen, morgen, nur nicht heute …

Latein	Deutsch	Verwandte Wörter
crās *Adv.*	morgen	Pro-kras-tination
quandō	wann	quando
unde	woher	
hodiē *Adv.*	heute	hoy oggi
sērus, a, um	spät, zu spät	sera
sapere, sapiō, sapi(v)ī	Geschmack haben, Verstand haben	savoir
herī *Adv.*	gestern	ieri
solēre, soleō, solitus sum	gewohnt sein, gewöhnlich etw. tun	
futūrus, a, um	(zu)künftig, bevorstehend	Futur future
fierī, fīō, factus sum	gemacht werden; geschehen, werden	
locuplēs, locuplētis	reich	→ locus + plēnus
repente *Adv.*	plötzlich, unerwartet	
opēs, opum *f Pl.*	die Macht, die Mittel, der Reichtum	opulent
dīves, dīvitis	reich	

8.2 Sit tibi terra levis!

Latein	Deutsch	Verwandte Wörter
quisquis, quaequae, quodquod	jeder, der; wer auch immer	
dēliciae, ārum *f Pl.*	die (heitere) Unterhaltung, das Vergnügen	delikat, Delikatessen
lūsus, ūs *m*	das Spiel	→ lūdere
decus, decoris *n*	der Schmuck	decoration
condere, condō, condidī, conditum	verwahren, verbergen; erbauen, gründen	
brevis, e	kurz	Brief, Briefing brief
rapere, rapiō, rapuī, raptum	rauben, wegreißen, wegführen	to rape
numerāre	zählen	→ numerus
sepelīre	bestatten	
gravis, e	schwer	gravierend grave

Eigennamenverzeichnis

Armenii die Armenier (entlegener Volksstamm an der östlichen Reichsgrenze)

Aufschluss → Epigrammtechnik, S. 8

Canus berühmter Musiker zur Zeit Martials

Catull (Gaius Valerius Catullus) röm. Dichter der späten römischen Republik (hat mit Neoterikern das Kleingedicht salonfähig gemacht; diente als Vorbild für Martial)

Cicero (Marcus Tullius Cicero) röm. Politiker, Anwalt, Schriftsteller, Philosoph (106–43 v.Chr.; berühmtester Redner im alten Rom)

Circus Maximus größter Circus im antiken Rom (wurde für Wagenrennen benutzt)

Colosseum das Kolosseum (eig. Amphitheatrum Flavium; größtes aus Stein gebautes antikes Amphitheater; dort wurden Tierhetzen, Gladiatorenkämpfe und sogar Seeschlachten abgehalten)

Domitian röm. Kaiser (81–96 n. Chr.; während seiner Regierungszeit agierte er zunehmend grausam)

Epigramm kurzes, auf eine Pointe zugespitztes Gedicht, S. 5

Erwartung → Epigrammtechnik, S. 8

Fortuna → Grundwissen, S. 35

Glaphyrus berühmter Musiker zur Zeit Martials

Horaz (Quintus Horatius Flaccus) röm. Dichter (65–8 v. Chr.; gehörte wie Vergil zum Kreis des Maecenas)

Klient → Grundwissen, S. 17

Lachesis eine der drei Parzen

Lessing (Gotthold Ephraim Lessing) bedeutender deutscher Schriftsteller, Philosoph und Dichter der Aufklärung (1729–1781)

Maecenas (Gaius Maecenas) Vertrauter und Berater von Augustus (finanzierte u. a. die Dichter Horaz und Vergil; heutiger Begriff „Mäzen" [Förderer der Künste] geht auf seinen Namen zurück)

Metrik → Grundwissen, S. 6 f.

Neoteriker gr. für „die Neueren" (stellten kleine, kunstvoll gestaltete Gedichte ins Zentrum ihres Schaffens in Abgrenzung zum „erhabenen" Epos; wichtigster Vertreter war Catull)

Nero röm. Kaiser (54–68 n. Chr.; war für seine Brutalität u. a. gegenüber Christen berüchtigt)

Nerva röm. Kaiser (96–98 n.Chr.)

Nestor sagenhafter König v. Pylos (griechischer Held; Ratgeber und wichtiger Mitstreiter Agamemnons im trojanischen Krieg)

Nilus der Fluss Nil

Octavian = Augustus Großneffe und Haupterbe Cäsars (63 v. Chr.–14 n.Chr.; wurde später unter dem Namen „Augustus" erster Kaiser von Rom)

Panegyrik → Grundwissen, S. 26

Patronus → Grundwissen, S. 17

Paris berühmter Pantomime (hatte Gerüchten zufolge eine Liebesbeziehung mit der Ehefrau von Domitian; wurde deswegen von diesem getötet)

Parthi die Parther (entlegener Volksstamm an der östlichen Reichsgrenze)

Parzen die drei Parzen (weben die Lebensfäden der Menschen; bestimmen damit über deren Schicksal)

Peleus sagenhafter König in Thessalien, Vater des Achilles

Plinius der Jüngere (Gaius Plinius Caecilius Secundus) röm. Schriftsteller (ca. 61–113 n. Chr.; Verfasser literarischer Briefe, z. B. zum Ausbruch des Vesuvs)

Pointe → Aufschluss

Priamus sagenhafter König von Troja, Vater von Hektor und Paris

Proserpina Gattin des Pluto, Herrin über die Unterwelt

Ravenna Stadt in Italien (in der heutigen Emilia-Romagna), dort herrschte Wassermangel

Satire Kunstform (Personen, Ereignisse oder Zustände werden kunstvoll kritisiert oder verspottet; beliebte Stilmittel der Satire sind Übertreibungen; Personen sollen dadurch lächerlich gemacht werden)

Seneca (Lucius Annaeus Seneca) stoischer Philosoph und Schriftsteller (ca. 1–65 n. Chr.; zeitweise Lehrer von Kaiser Nero; fiel in Ungnade und wurde zum Selbstmord gezwungen)

Tarraconensis (Hispania) röm. Provinz (Heimat Martials; umfasste heutiges Nordspanien und -portugal sowie Ostspanien)

Titus röm. Kaiser (79–81 n. Chr.; eröffnete 79 n. Chr. das Kolosseum)

Trajan röm. Kaiser (98–117 n.Chr.)

Tutilius bekannter Rhetoriker

Vergil (Publius Vergilius Maro) röm. Dichter (70–19 v. Chr.; gehörte wie Horaz zum Kreis des Maecenas)

Via Flaminia Straße von Rom bis Ariminum (heutiges Rimini)

Zensor → Grundwissen, S. 27

Literaturverzeichnis

Texte und Übersetzungen

Catull, Gedichte. Lateinisch-deutsch, übersetzt und hrsg. von W. Eisenhut, München ^{11}2000.

Martial, Epigramme. Lateinisch/Deutsch, übersetzt und hrsg. von N. Holzberg, Stuttgart 2008.

Martial, Epigramme. Lateinisch/Deutsch, übersetzt und hrsg. von P. Barié u. W. Schindler, Berlin ^{3}2013.

Martial, Epigramme. Aus dem Lateinischen übertragen und hrsg. von W. Hofmann, Frankfurt am Main 1997.

Die Epigramme des Marcus Valerius Martialis in den Versmaßen des Originals übersetzt und erläutert v. Dr. Alexander Berg, Stuttgart 1865.

Weiterführende Literatur

Albrecht, M. v.: Geschichte der römischen Literatur, Band 1 und 2, München ^{2}1997.

Hernández Lobato, J. et al.: Martial in Karikaturen, Hochheim am Main 2010.

Holzberg, N.: Martial und das antike Epigramm, Darmstadt 2002.

Knapp, R.: Römer im Schatten der Geschichte, Stuttgart 2012.

Lorenz, S.: Erotik und Panegyrik – Martials epigrammatische Kaiser, Tübingen 2002.

Walter, U.: M. Valerius Martialis Epigramme, Paderborn 1996.